Z. 2281.
D-

24543

ESSAI
SUR
LES ERREURS
ET LES
SUPERSTITIONS
Anciennes & Modernes.

Par M. L. Castilhon.

Nouvelle Edition, revue, corrigée & considérablement augmentée.

TOME I.

A FRANCFORT,
Chez Knoe & Eslinger.

M. DCC. LXVI.

Sic volvenda ætas commutat tempora rerum:
Quod fuit in pretio, fit nullo denique honore:
Porro aliud succedit, & ex contemptibus exit.
Inque dies magis appetitur, floretque repertum
Laudibus, & miro est mortales inter honore.

    L u c r e t. *Lib. V. Vers.* 1275, &c.

AVERTISSEMENT.

LA première édition de cet ouvrage étoit remplie de négligences, d'incorrections, de fautes de toutes les espèces; & cependant malgré toute sa difformité, le public a daigné l'honnorer de son indulgence. Je serois trop ingrat si par une édition plus soignée à tous égards, je différois de me rendre plus digne des suffrages qu'on a bien voulu m'accorder. Je me flatte qu'on trouvera cet Essai très-différent de lui-même, quand il a paru pour la première fois; j'y ai fait beaucoup de corrections, beaucoup d'augmentations que j'ai jugées d'autant plus nécessaires, que c'est avec raison que l'on m'a reproché d'avoir trop fréquemment usé de réticence, de n'avoir pas osé tirer des conséquences des principes très-vrais que j'avois établis; en un mot, d'avoir laissé paroître les chapitres les plus intéressans décousus, tronqués, mutilés. Ces observations critiques sont très-justes; je les avois prévues, & je n'avois pas été le maitre d'éviter ces fautes. Depuis que cet ouvrage a paru, j'ai pensé qu'il ne suffisoit pas d'avoir dit quels sont les préjugés qui avilissent les hommes. Tout le monde sçait que la terre est inondée de superstitions; mais tout le monde ne sçait

AVERTISSEMENT.

pas s'il est utile qu'il y en ait : & si elles sont nuisibles, personne n'a indiqué encore les moyens d'en affoiblir l'empire : dans cette vue, j'ai cru que la plus sure voye seroit de remonter, s'il étoit possible, à la véritable cause des superstitions & des erreurs; parceque si cette cause est un vice de l'ame, & si ce vice peut être, sinon totalement éteint, dumoins considérablement corrigé, dès-lors les hommes seront infiniment moins susceptibles d'erreurs, de préjugés & de superstitions. Si cet ouvrage n'eut point eu de succès, je me serois bien gardé d'y jamais retoucher; mais c'est précisément parcequ'il en a eu plus qu'il ne méritoit d'en avoir, que je me suis cru obligé de le rendre moins imparfait, & plus agréable à lire. J'espère que les changemens qu'on trouvera dans cette édition serviront de réponse aux critiques, & de justification aux yeux de ce même public qui a daigné m'honorer de son approbation.

PRÉFACE.

SI tous les hommes étoient perſuadés que l'amour de la vérité vaut plus que la ſcience ; s'il y avoit quelque mérite à lutter contre l'erreur, à s'élever contre des préjugés nuiſibles, à combattre des ſuperſtitions proſcrites par les mœurs, les loix, la religion, & cependant adoptées encore par le plus grand nombre ; je croirois avoir acquis des droits à l'indulgence du Public. Je croirois mériter le ſuffrage des ames honnêtes, ſi pour en être eſtimé il ſuffiſoit toujours d'avoir prouvé combien on déſire de l'être. C'eſt aux perſonnes éclairées à me juger ; mais je les prie avant tout, d'obſerver que je n'ai écrit que pour celles qui ne ſont pas inſtruites. On trouvera peut-être bien des épines, bien de l'obſcurité dans les premiers chapitres de cet Eſſai : mais avant que d'indiquer & de combattre les erreurs & les ſuperſtitions, j'ai cru devoir remonter à leur ſource, & j'avoue ingénument que je n'ai pu moi-même y arriver ſans ennui. Qu'on ne regarde donc ces chapitres que comme une route pénible, aride, fatiguante ; & cependant la ſeule qui puiſſe conduire le Lecteur au vaste pays des erreurs; théâtre dont la vue seroit aussi trop affligeante, s'il n'étoit pas quelquefois agréable à considérer, par la variété des scènes qui s'y passent, & par leur singularité.

Quelques réflexions que j'avois insérées dans un ouvrage périodique, m'ont fait naître l'idée de cet Essai. M. le Docteur Brown, Ecrivain très-ingénieux, Philosophe éclairé, à donné, il y a quelques années, un Traité des erreurs populaires. Mon ouvrage commence où le sien finit. M. Brown prouve, par de très-bons raisonnemens, la folie de ces erreurs; j'en démontre l'absurdité par leur origine, & par l'histoire des maux & des progrès qu'elles ont faits. Ces deux ouvrages, comme on voit, n'ont donc rien de commun. Je ne parle que d'un petit nombre d'erreurs, la plûpart méprisées dans ce que l'on est convenu d'appeler bonne compagnie, cercles brillans, sociétés choisies, mais malheureusement accréditées encore parmi le peuple & dans les campagnes, où résident quoiqu'en dise l'orgueil, les classes de Citoyens les plus estimables, parcequ'elles sont les plus utiles, les plus nécessaires, les plus essentielles. La tranquilité de l'esprit & la saine raison sont aussi importantes au Laboureur & à l'Artiste, qu'au Sça-

PRÉFACE.

sant & au Guerrier. Mais comment le Laboureur pourroit-il vivre paisiblement? comment l'Artiste pourroit-il la connoître cette douce tranquilité, cette saine raison, quand mille préjugés tyrannisent son ame; quand les erreurs & les superstitions viennent à tout instant porter le trouble dans son imagination, l'allarme & l'effroi dans son cœur. Je voudrois n'en avoir détruit qu'une de ces erreurs, fut-ce même la plus légère, la moins pernicieuse: je ne m'en flatte point. J'ai voulu seulement donner à des Ecrivains mieux instruits l'idée d'un ouvrage que je desespére de voir jamais paroitre. Car, quel Sage oseroit, quel Philosophe tenteroit de prémunir les hommes contre toute sorte d'erreurs, contre l'infinité de préjugés, de fables, de superstitions?

Au-reste, si, contre mon attente, je trouvois des Censeurs qui voulussent me supposer de mauvaises intentions; qui prissent mes raisonnemens pour des réflexions satyriques, & pour des allusions indécentes les faits que j'ai cru devoir rapporter; je leur déclare par avance, que je déteste la satire; que j'ai assez de respect pour la religion, les établissemens & les personnes qui lui sont consacrés, pour regarder comme un crime tout ce qui pourroit ten-

PRÉFACE.

dre à affoiblir la confiance & la vénération qui leur font dues. Je protefte donc que je n'ai entendu combattre que des erreurs & des fuperftitions condamnées par la réligion même, profcrites par les loix, réprouvées par la philofophie.

Si, malgré cet aveu, l'on s'obftine à trouver des allufions dans cet Effai ; fi l'on veut abfolument qu'il me foit ékapé des traits mordans, que j'aie écrit dans la vue de défaprouver, de blamer ou d'offenfer ; il me refte encore une réponfe à faire à mes Cenfeurs : je leur dirai: hommes trop foupçonneux, ne lifés pas mon ouvrage, il n'eft pas fait pour vous ; ne lifés aucun livre ; toute lecture vous eft pernicieufe. Ce n'eft point la liqueur qui eft corrompue, a dit l'illuftre Montefquieu, c'eft le vafe.

ESSAI
SUR
LES ERREURS
ET LES SUPERSTITIONS
Anciennes & Modernes.

CHAPITRE I.

De l'erreur & de l'incertitude des jugemens.

QUELLE est pénible & cruelle la situation d'un Voyageur qui s'est imprudemment égaré dans une forêt, dont il ne connoit ni les sinuosités, ni les détours, ni les issues ! Il s'arrête, il hésite, il délibère, & prenant une route au hazard, il marche, se fatigue, s'excède, & revient, sans s'en appercevoir, mille fois sur ses pas. Le silence du lieu, l'obscurité de la nuit, la crainte de s'engager trop avant, l'agitent, le tourmentent. Inquiet, abbatu, épuifé, il ne fçait où il eft, où il va, comment fortir de l'horreur de ce labyrinthe, lorfqu'il voit tout-à-coup briller dans le lointain une pâle lumière ; elle lui fert de phare ; il fent renaître dans fon ame le calme & l'efpèrance : il part ; rien ne l'arrête ; il ne lui refte plus que quelques pas à faire, quand s'éteignant auffi foudainement qu'elle s'étoit allumée, cette foible clarté difparoit, & le laiffe dans d'épaiffes ténébres. Le phofphore perfide l'a conduit au bord d'un précipice ; il tombe, roule, & va fe perdre dans les profondeurs de l'abîme.

Envain l'amour propre s'efforce de nous perfuader que nous n'avons à craindre ni les mêmes dangers, ni le même deftin. Interrogeons notre raifon, confultons l'expérience, nos fens même ; nos fens qui nous ont fi fouvent trompés, ne nous difent-ils pas que chacun de nous reffemble à ce malheureux Voyageur ? Etrangers, ifolés, égarés dans un monde, & au milieu d'une foule d'objets que nous ne connoiffons pas, nous nous trainons péniblement dans ce ténébreux dédale, dans ce monde rempli de préjugés, d'erreurs. Guidés par quelques météores, nous marchons dans l'incertitude, tandifque nous croyons fuivre la route lumineufe qui conduit à la véité. Mais bientôt déconcertée par fa propre infuffifance, la raifon nous abandonne, la lueur qui la guidoit, s'évanouit, & nous reſtons enſévelis dans l'abîme incommenſurable des ſiſtêmes & des erreurs.

Eh comment pourrions-nous nous flatter de parvenir à quelque certitude ou morale, ou phyſique ? Nous n'avons que des moyens peu ſurs & évidemment incertains, pour juger des objets ſenſibles, & qui nous environnent. Nous n'avons que des idées confuſes, imparfaites & très-mal déterminées ſur les objets intellectuels. C'eſt cependant de ces deux ſources qu'émanent la phyſique, la philoſophie & toutes les ſciences. Eſt-il donc étonnant qu'après la plus conſtante étude, nous ne trouvions en elles qu'erreur, incertitude, faux jour, obſcurité ?

S'il eſt vrai, comme on n'en peut douter, que nous ayons reçu de la nature une raiſon qui doit nous éclairer & nous guider ; avouons de bonne foi qu'on a pris avec bien du ſuccès d'étranges ſoins pour la rendre inutile. Les premières étincelles de ſon flambeau n'avoient pas encore pénétré dans notre eſprit, qu'on l'avoit déjà rempli du germe des idées qui néceſſairement dévoient nous égarer pendant le reſte de la vie. Ces idées reçues dès les premiers momens de notre exiſtance, ont jetté dans notre entendement de profondes racines ; elles ſe ſont, pour ainſi dire, identifiées avec nous. Et ſi notre philoſophie, nos principes, nos jugemens ſont fondés ſur ces fausses idées, ne faut-il pas que nos principes, nos jugemens, notre philosophie soient tout aussi faux qu'elles ?

Nous donnons des noms aux corps, des qualités à la matière: mais quelles régles avons-nous pour juger des objets sensibles ? aucune ; il n'en existe point ; à moins qu'on ne donne ce nom à quelques idées disparates, que des impressions étrangères ont indestructiblement liées dans notre esprit, qui y demeureront unies, & qui seront constamment dans la suite la régle de nos jugemens & de nos décisions. L'âge, les passions, l'amour propre nous ont persuadé que, malgré leur incompatibilité, ces idées sont autant de principes infaillibles : c'est donc sur eux, c'est uniquement d'après eux que nous examinons, que nous définissons, que nous analisons la nature & les propriétés des objets matériels : examen vague, fausses définitions, analyse inexacte. C'est encore d'après ces principes trompeurs que, vains de nos premières connoissances, nous osons nous élancer du monde sensible, qui nous est inconnu, dans le monde intellectuel, région plus inintelligible pour nous que la progression, l'éclat & les effets de la lumière pour un aveugle de naissance. Ainsi trop animés par la soif insensée des nouvelles connoissances, nous quittons, pour ne plus y rentrer, la sphère très-bornée de nos lumières naturelles, & nous croyons nous élever à proportion que nous errons dans les espaces ténébreux, dans les déserts immenses des êtres intellectuels. Fatale ambition de connoitre ce qu'une obscurité profonde dérobe à nos regards ! c'est à toi qu'il faut rapporter l'origine de la philosophie, art cruel, science pernicieuse, qui au lieu d'éclairer les peuples, les a précipités dans un vaste océan de préjugés, d'erreurs & de superstitions, qu'une philosophie & plus vraie & plus pure s'efforcera vainement dans la suite & de combattre & de détruire.

Ne pas se tromper, dit le Sage, c'est découvrir d'une manière claire, intime & convaincante la vérité d'une proposition, la nature, la forme & les qualités d'un objet. Reconnoitre quelqu'autre manière de juger sainement, c'est marcher dans l'obscurité ; c'est se jetter dans le torrent des illusions humaines. Mais, depuis que l'on cherche, a-t-on fait quelque découverte ? Existe-t'il quelque proposition dont la vérité soit universellement connue, irrévocablement fixée ? On se perd dans la confusion & la variété des opinions des Philosophes sur toutes les parties de la physique & sur toutes les branches de la morale. Chacun d'eux s'est flatté d'avoir pris, comme l'a dit M. de Fontenelle, la nature sur le fait ; chacun d'eux s'est flatté de lui avoir arraché ses secrèts : toutefois chacun la vûe sous des aspects différens ; & de cette diversité d'opinions se sont formées ces sectes innombrables de Physiciens, de Philosophes, opposés les uns aux autres, & dont les combats, les disputes n'ont servi qu'à répandre l'incertitude sur la science même dont ils ont prétendu connoitre les principes.

Toutes les causes de l'erreur, observe Locke, se réduisent à quatre ; au défaut de preuves, au défaut de pénétration pour s'en servir, au défaut de volonté pour en faire usage, aux fausses régles de probabilité. Examinez tous les sistêmes, & vous verrez que ceux qui les ont inventés, comme ceux qui les ont suivis, se sont toujours livrés, même sans le sçavoir, à ces quatre défauts, & qu'ils n'ont eu dans leurs décisions ni preuves, ni pénétration, ni volonté, ni régles. Aussi les mêmes questions agitées, discutées depuis tant de siécles, sont-elles aujourd'hui tout aussi neuves que la première fois qu'elles ont été proposées. Comment auroit-on pû les décider, ou seulement les approfondir ? On a commencé par vouloir connoitre les objets sensibles, avant que de sçavoir quel est en nous cet être intelligent qui juge & définit. Pleine ensuite des fausses notions que les sens lui avoient transmises, l'ame a voulu se connoitre elle-même, développer sa nature & le monde intellectuel auquel elle appartient ; & elle n'en a pu juger que d'après la fauſſeté des principes, l'incertitude des régles & l'imperfection des idées dont l'eſprit ſubjugué par les ſens, l'avoit obligée de ſe ſervir à l'égard des objets du monde matériel. Ainſi trop ambitieux d'acquerir des connoiſſances, l'homme eſt reſté inconnu à lui-même. En effet, que ſçait-il?

CHAPITRE II.

Qu'est-ce que l'ame ?

C'Est une grande question. Le premier qui la proposa fut un audacieux qu'il falloit immoler à la gloire des sçiences & à l'honneur de la philosophie, dont il osa montrer l'écueil. De toutes les connoissances c'est, si l'on veut, la plus sublime que la métaphysique : mais prenons garde qu'à force de beauté, de majesté, d'élevation, elle ne soit trop au-dessus de notre intelligence, qui elle-même est si fort au-dessus de nous. Rien ne me donne, je l'avoue, une plus grande idée de la raison humaine que les efforts qu'elle a faits pour déchirer le voile qui paroissoit devoir lui cacher éternellement les vérités métaphysiques. Car, le génie n'eut-il fait que soulever ce voile, en apparence impénétrable, ne seroit-ce pas beaucoup ? & ne seroit-il pas bien glorieux d'avoir *visiblement* observé ce qui par sa nature ne peut être ni vû, ni touché, ni compris ? C'est donc une sçience fort belle, très-auguste que celle qui enseigne à concevoir l'être en général, & à définir sa nature; à compter tous les points de l'imperceptible chaîne des vérités intellectuelles ; à corriger les perceptions des sens, qui paroissent ne pouvoir

pouvoir être fausses en elles-mêmes; à découvrir la nature des substances immatérielles; à s'élever en quelque sorte au-dessus des êtres incréés; à fixer &, s'il étoit possible, à circonscrire l'immensité de Dieu, ses attributs, son indivisibilité; à définir, analiser, décomposer les choses purement spirituelles, c'est-à-dire, sans parties, sans consistance, sans matière: enfin à juger des principes des sciences & des arts par abstraction, & en les détachant des choses matérielles.

Toutefois, quels grands avantages les hommes ont-ils retiré jusqu'à présent de la métaphysique? Les a-t'elle rendu plus sages, plus sçavans, plus heureux? Suis-je plus éclairé pour avoir pénétré dans la vaste carrière, qui, de principe en principe, s'est ouverte devant moi? Que m'ont appris tant de grands hommes, tant d'Ecrivains, tant de Dissertateurs qui, depuis plus de deux mille ans, agitent les mêmes questions? A m'égarer, à adopter, à rejetter, à caresser, & à detruire tour-à-tour les opinions des autres & les fantômes de mon imagination; à préférer la paix de l'ignorance aux vaines conjectures, à la confusion & à l'incertitude d'une science qui, malgré moi, me ramène sans cesse à la matière que je ne connois pas, au-lieu de me conduire à l'intelligence que je ne puis connoitre.

La métaphysique, m'at'on dit mille fois,

roule fur des objets qui n'ont rien de fenfible; cette connoiffance fublime développe leur effence, leurs attributs & leur deftination. J'ai fenti qu'il étoit en moi un être immatériel qui penfe, & qui raifonne. Je me fuis cru intéreffé à le connoitre; j'ai étudié, j'ai lû, j'ai pâli fur les livres: quel fecours y ai-je trouvé? Quelles lumières ai-je acquifes? J'ai appris que depuis Thalés le Miléfien, qui voulut expliquer la nature des êtres intellectuels, & qui n'expliqua rien, jufqu'au poëte & fçavant Mallebranche, qui a tenté de pénêtrer dans les mêmes profondeurs, & qui fouvent a pris l'effervefcence de fon imagination pour l'éclat de la vérité, perfonne encore n'a donné une définition exacte, une idée diftincte de Dieu, de l'ame, de l'efprit, de l'inftinct même, &c. Je me fuis convaincu que l'homme qui croit voir & penfer, eft tout auffi aveugle à cet égard, & tout auffi borné que la taupe & l'onagre.

Un Ecrivain, l'ornement de ce fiècle, la gloire de la France, & qui fera l'admiration de la poftérité, a propofé, il y a un an, les mêmes queftions qui furent tant de fois agitées dans le Portique, & qu'on ne décida jamais. Il s'eft adreffé aux Sçavans, aux Docteurs, aux Philofophes & aux Littérateurs. Perfonne encore ne lui a répondu: car que répondre à de telles demandes? Je voudrois, a-t-il dit, que quelqu'un me fît connoitre ce que c'est que l'ame humaine: je voudrois sçavoir aussi ce que c'est que l'ame des bêtes ; je désirerois ensuite qu'on définit la végétation. Au reste, cet illustre Ecrivain a exigé des réponses exactes, & surtout intelligibles : il ne veut point des mots ; il cherche des raisons : mais où les prendre ? Ne le demandez pas aux Anciens ; car très-certainement ils vous accableront de définitions vagues & inutiles, aulieu de vous répondre.

Serez vous, en effet, bien instruit, bien satisfait quand Epicure, Dicéarque, Aristoxène vous auront dit que l'ame est une qualité inhérente à la matière, dépendante des sens, altérable comme eux, & condamnée irrévocablement à périr avec eux ?

Serez-vous plus éclairé quand d'autres Philosophes moins durs & moins humilians dans leurs opinions, mais tout aussi inintelligibles, vous auront appris que l'ame est une substance émanée du grand principe, ou du Tout, auquel il est prouvé qu'elle doit être réunie ?

Mais qu'est-ce, direz-vous, que cette qualité ? Qu'est-ce qu'une substance sans étendue, sans parties ? Comment est faite une émanation ? Qu'est-ce que ce principe ? Qu'est-ce que ce grand Tout ? *Hic murus aheneus esto.*

C'étoit pourtant ainsi que s'exprimoient les Sages de la crédule antiquité : car alors c'étoit avoir de la sagesse que de répondre par énigmes à des questions insolubles ; à quel dégré de gloire & de célébrité ne s'élèverent point aussi ces graves Philosophes ? respectés, honorés, admirés en raison de la profonde obscurité de leur doctrine, que ne dirent-ils pas ? Suivant Thalés, l'ame n'est autre chose qu'une nature se mouvant toujours en soi-même. Point du tout, s'écrioit Pythagore, l'ame est un nombre qui a le mouvement en soi. C'est, ajoûtoit Platon, une substance se mouvant soi-même & par un nombre harmonique. Plus sçavant & moins lumineux le *divin* Aristote ne voyoit dans l'ame humaine que l'acte premier d'un corps organique, ayant vie en puissance (*potentialiter*). Dicéarque étoit tout glorieux quand il avoit prononcé que l'ame est une harmonie & une concordance des quatre élémens. Que de folies publiées, reçues, accréditées, oubliées, & de nos jours renouvellées ! Qu'on imagine, disoit Bayle, la proposition la plus fausse ou la plus ridicule, & je m'engage à prouver qu'elle a été jadis proposée de bonne foi, vivement agitée, & très-sérieusement défendue.

Cicéron est, à mon avis, le plus sensé de tous les Philosophes, du moins par intervalles. Il est vrai que, comme beaucoup d'autres, il n'a pas de sentiment à lui. Je conviens encore que Stoïcien, Sophiste & Epicurien tour-à-tour, tantôt il soutenoit publiquement,

& devant le Sénat, que l'ame n'eſt qu'un mot, & que l'homme, quand il meurt, ceſſe entièrement d'être; qu'il n'y a plus rien en lui, ni de lui, hors de lui, qui penſe, ni qui ſouffre; & que tantôt il défendoit la ſpiritualité de l'ame, & conſéquemment ſon immortalité. C'eſt, diſoit-il, dans la nature même des Dieux que nos ames ſont puiſées ; c'eſt d'eux qu'elles ſont émanées. *A naturâ Deorum hauſtos animos & libatos habemus... humanus autem animus decerptus eſt mente divinâ.*

O! reſpectable Cicéron, quel génie ennemi retarda votre courſe, quel obſtacle vous arrêta ? vous n'aviez plus qu'un pas à faire : il ne vous reſtoit, dis-je, qu'à remonter juſqu'à cette ſource d'où vous m'apprenez que les ames ſont émanées. Philoſophe vraiement ſublime, ſi vous euſſiez été juſques là, pourquoi foible comme Icare tombez-vous comme lui au même inſtant où vous paroiſſez prendre un ſi généreux eſſor ? Je ne vous demande point d'où ſortent les ames : je ſçais, tout comme vous, qu'elles viennent de Dieu : mais dites-moi ce que c'eſt que Dieu, & comment ſe fait cette émanation ?

C'eſt une choſe très-facile à expliquer, fort aiſée à comprendre, ont dit quelques Anciens, qui avant Cicéron, ont parlé du myſtère de l'émanation des ames, & de leur réunion à leur principe. Figurez-vous une bouteille remplie d'eau, & jettée sur l'Océan, où elle flotte jusqu'à ce qu'elle trouve un écueil contre lequel elle frappe & se brise : le contenant tombe au fond de la mer, le contenu se réunit à son tout ; c'est-à-dire, à l'eau de l'Océan. Et voilà très-distinctement ce que c'est que l'émanation de l'ame & sa réunion au grand Tout. Car, qui ne voit que la liqueur renfermée dans ce vase, est l'ame humaine, le vaste Océan, le Tout, l'écueil, la mort, le mêlange de la liqueur avec l'eau de la mer, la réunion de l'ame à Dieu.

Cette folle comparaison est, comme on voit, très-ridicule, & presqu'aussi insensée que l'approbation de ceux qui l'ont trouvée si fort ingénieuse, que la regardant comme une inspiration, ils n'ont pas balancé à la prendre pour une définition exacte, une démonstration parfaite. Toutefois que m'apprend-elle cette comparaison ? Que m'importent ce vase, cet Océan & cet écueil ? Est-ce là, grands Dissertateurs, ce que je vous demande ? Ai-je besoin de vous pour sçavoir que je vis, que je mourrai, que mon ame jouira de l'immortalité ? Laissez là votre vase, ou dites-moi quelle est la nature de ce qu'il y a dedans. Voilà la question ; est-elle inexplicable ?

Point du tout, me répond, d'après Anaximène, Anacharsis & mille autres, un genie supérieur. Rien n'est si clair que l'essence de l'ame. C'est une forme subsistante par soi-même : sa nature différe de sa puissance : elle est trois, & puis six; c'est-à-dire, qu'elle est d'abord végétative, sensitive, intellectuelle; & ensuite trois fois végétative, c'est-à-dire, augmentative, nutritive & générative : elle est en même tems individuellement, & pourtant séparèment spirituelle & corporelle ; spirituelle, quant à la mémoire des choses spirituelles, & corporelle, quant à la mémoire des choses corporelles. Enfin, pour qu'il ne reste absolument rien d'obscur, il faut ajoûter que cette forme est immatérielle à l'égard de ses opérations, & matérielle à l'égard de l'être.

Cette définition est sans doute fort claire, quoique je n'y comprenne rien. Il est vraisemblable qu'on l'a entendue autrefois, puisqu'on l'a adoptée. Je consens de bon cœur que ceux qu'elle satisfera encore, la trouvent évidente; qu'ils la regardent même, s'ils le jugent à propos, comme une des plus ingénieuses découvertes : pour moi qui ne sçaurois admettre ce que je ne puis concevoir, qu'on me permette de placer cette forme subsistante par soi, cette essence différente de sa puissance, &c., infiniment au-dessous de ces quidités, de ces cathégories, de ces universaux, & de tant d'autres rapsodies dont on ne parle tout au plus que pour prouver jusqu'à quel point les hommes ont déraisonné.

Mais de l'inutilité ou de la fausseté de tout ce qu'on a dit jusqu'aprésent sur cet objet, faudrat'il donc conclure qu'il est absolument impossible de sçavoir ce que c'est que l'ame ? La conséquence seroit trop désespérante & pour les Philosophes & pour les Métaphysiciens. Pourquoi ne parviendroit-on pas à fixer & définir la nature de l'ame: ne sommes nous pas dans le siècle des définitions ? ne définit-on pas tous les jours le vice, la vertu, la vérité, qui sont aussi des choses intellectuelles ; n'a-t'on pas fait, dit-on, une prodigieuse quantité de rares découvertes ? Je ne serois nullement étonné que l'on parvint un jour à définir intelligiblement toute la chaine des êtres immatériels. Mais il n'y a, suivant moi, qu'un seul moyen pour arriver à cette découverte ; c'est d'oublier tout ce qui a été dit, tout ce qui a été écrit, &, s'il se peut, tout ce qu'on a soi-même pensé à ce sujet : c'est de consulter ensuite le seul maitre en état de nous instruire & de nous éclairer : or, ce maitre, c'est l'ame ; car si elle se tait, qui pourra nous répondre ? C'est donc à l'ame, plutôt qu'aux Philosophes de l'antiquité, qui ne l'ont point du tout, ou qui l'ont mal intérrogée, que je dois recourir, non dans le feu de la dispute, ou distrait par l'éclat du jour, & frappé, malgré moi, par mille objets extérieurs ; mais comme on consultoit jadis l'oracle d'Amphiarius, ou celui de Faunus, dans l'obscurité de la nuit, dans le silence du sommeil ; lorsque moins occupée à obéir aux sens, moins agitée par les diverses passions qu'ils allument en elle, & toute entière à sa simplicité, elle pense par elle-même : lorsque livrée, pour ainsi-dire, à ses propres notions, elle roule des idées qu'aucun objet étranger ne semble lui avoir données, quelle forme des tableaux dont les modèles n'existent nulle part, & dont mes yeux n'ont jamais apperçu les traits. C'est dans l'incohérence même de ses pensées, c'est à travers la confusion & l'extrême bisarrerie de ces images, qu'appercevant l'essence de mon ame, je crois pouvoir me dire ; *l'ame n'est que la faculté de penser.* Elle n'est autres chose, eussé-je-dit à Athènes du tems de Thalès & de Platon, qui nés dans le sein des ténèbres ne pouvoient avoir des idées aussi distinctes que nous des êtres intellectuels : & cette définition dépouillée de distinctions, de divisions, d'expressions barbares, m'eut peint la puissance de l'ame, son action, ou, si l'on veut, sa réaction sur les sens, & toutes ses opérations.

Cette opinion n'est pas nouvelle, me dira-t-on peut-être, il y a longtems que son insuffisance a été démontrée. D'ailleurs, qu'entendez-vous par *faculté ?* C'est vraisemblablement une vertu secréte ; & dans ce cas votre définition n'exprime rien.

Je ne fais, je le sçais, que répéter ce que mille autres ont écrit avant moi ; mais comm'eux, je ne surchargerai pas cette *faculté de penser* de longs raisonnemens ; je ne la diviserai point en faculté supérieure & inférieure ; je ne sçaurois appeller celle-ci *instinct*, & celle-là *entendement* & *raison* ; parcequ'indivisible par sa nature, l'ame ne peut avoir ni partie supérieure, ni partie inférieure. Par *faculté* je n'entends point une vertu secréte ; parceque toute vertu sécréte n'exprime qu'une absurdité. Mais j'entends par ce mot un être subsistant indépendamment de tout être créé ; un être qui n'est pas le mode d'un autre être, mais qui est le sujet de divers modes. Je conçois distinctement par cette faculté un principe & des effets, une substance sans cesse agissante, & des pensées, des volitions, des jugemens ; & ces pensées, ces jugemens, ces volitions me représentent des opérations de ce principe, & les diverses manières d'être de cette faculté. Or, ce qui est le principe de diverses opérations, peut-il ne pas être une faculté, une puissance indépendante ?.

Ce ne sont là, pourroit-on dire, que des mots vuides de sens : on ne vous demande point si l'on peut substituer à ces trois lettres *ame*, les expressions vagues & incompréhensibles de *faculté*, de *principe*, de *subs-tance*, ou d'*être subsistant indépendamment des êtres*. Voulez-vous donner à l'ame le nom de *faculté* ? D'accord : mais dites-nous ce que c'est que cette *faculté*. Comment est-elle faite ? La voit-on ? Où se tient-elle ?

Docteur, avant que de repondre, permettez-moi de vous demander à mon tour, ce que c'est que la lumière ? C'est, dites-vous, un corps subtil, rapide, délié, qui éclaire, qui colore tous les corps, qui frape la rétine, & rend les objets visibles. Cette réponse est fort ingénieuse : mais, qu'est-ce que ce corps subtil, rapide & délié qui produit ces effets ? C'est une infinité de corpuscules qui s'échappent sans cesse du corps lumineux : ou, si vous l'aimez mieux, ce qui excite en nous la sensation de la lumière, vient de ce que le corps lumineux presse la matière éthérée qui est entre lui & nos yeux. Ce n'est pas là répondre : je demande ce que c'est que ces corps déliés ou ces corpuscules qui sont dans le grand corps lumineux, & comment il se peut faire que celui-ci soit lumineux ? Je sçais par avance que vous me répondrez que la lumière reçue & répandue sans cesse par ce corps lumineux, vient d'un certain mouvement de ses parties, qui les oblige à pousser rapidement, & à la ronde, la matière subtile, qui pénétre les pores de tous les corps transparens. Ajoutez encore, si vous le jugez à propos, que la lumière consiste dans l'écoulement d'une infinité d'atômes ignés, qui sortent du soleil comme d'un grand foyer ; ou dites qu'elle nous est transmise par une longue chaîne de globules rangés comme autant de balons, l'un à la suite de l'autre, dont l'une des extrémités touche le soleil, & l'autre vient aboutir à mes yeux. Tous ces raisonnemens sont superflus : c'est s'écarter de la question, & non la décider. Pourquoi le soleil est-il lumineux ? qu'a-t'il en soi qui soit lumière ? N'allez-vous pas me dire que c'est parcequ'il jette de toutes parts une petite flamme très-rare, composée d'une infinité d'atômes qui se pressent les uns les autres ? Mais ce n'est là que l'apparence d'une raison, & non une raison : car, comment se peut-il qu'une infinité d'atômes soient lumineux, parcequ'ils se pressent les uns les autres ? N'est-il pas vrai que ces atômes sont de petites parties de matière ? N'est-il pas vrai que quoique ces petites parties de matière se meuvent avec rapidité, leur mouvement, quelque rapide que vous le supposiez, n'est ni lumineux, ni obscur, ni profond, ni étendu ? Quel est donc ce principe qui donne la lumière au soleil ? Mais, c'est... c'est... c'est la Genèse qui nous apprend que Dieu a créé deux grands luminaires, le soleil pour le jour, la lune pour la nuit... Avouez donc, trop orgueilleux Docteur, que vous connoissez tout aussi peu l'essence de la lumière que la nature de l'ame ? Avouez que vous n'entendez guères ce que vous dites, quand après avoir formé quelque argument inepte, vous vous écriez d'un air & d'un ton de victoire, *cela est plus clair que le jour, plus évident que la lumière* ! Vos dissertations, vos preuves & vos conséquences sont donc bien ténébreuses; car quoi de plus obscur, quoi de plus difficile à découvrir, à définir que la cause du jour ? Je dirai donc que la lumière est la *faculté d'éclairer*, comme j'ai dit que l'ame est la *faculté de penser*, comme la *faculté de graviter* est essentielle à tous les corps créés.

Une des opinions les plus sensées en apparence, & celle qui servit le plus à égarer les Philosophes de l'antiquité, parcequ'elle paroissoit, en effet, fort éblouissante, ce fut l'idée très-poétique de Platon, qui, après avoir dit d'après Thalés & plusieurs autres, que l'ame est une substance spirituelle se mouvant soi-même & par un nombre harmonique, ajoûtoit que tout ce qui existe, tout ce qui a été, qui est & qui sera, n'a qu'une même cause ; que cette cause générale, universelle & toujours existante, est le mouvement, ame de la nature, & par qui tout se développe, se conserve, périt, paroît sous de nouvelles formes, pour périr, exister encore, & reparoître tour-à-tour.

Il est vrai que c'est le mouvement qui donne la pésanteur à la matière, qui d'elle-même n'est ni pésante, ni légère : il est vrai que le mouvement est le principe connu de la gravitation des corps : il est encore vrai que la végétation est un effet du mouvement, comme la génération & la vie des corps organisés sont produites & conservées par le mouvement : je conviens enfin que c'est au mouvement qu'il faut nécessairement attribuer tous les phènomènes, & que, graces aux bornes de l'esprit humain, tout est phénomène pour nous. Mais pourquoi chercher dans ce mouvement, qui n'est que la cause seconde & générale de tout, le principe ou la nature de l'ame humaine, de ses facultés, de ses opérations ? Pourquoi les Philosophes se sont-ils arrêtés à ce mouvemement matériel, pour y chercher la cause d'un être immatériel. N'est-ce pas parcequ'ils n'étoient point assez éclairés pour s'élever jusqu'au principe du mouvement. Ils ignoroient, comme on l'ignore encore, quel est ce principe, quelle est la forme de cet être qu'on nomme mouvement ; quelle est enfin son essence, sa nature ? Le mouvement, dit-on, est le passage d'un lieu à un autre : reponse puérile, absurde définition, qui met l'effet à la place de la cause : pourquoi un corps passe-t'il d'un lieu à un autre ? Quelle est la nature de la mobilité universelle, s'il est permis de s'exprimer ainsi ? Je le répéte : *hic murus ahenus esto*. Ainsi les hommes tomberont dans l'erreur & leur esprit dans l'impuissance, toutes les fois qu'ils voudront analiser les objets métaphysiques.

Quand je dis que l'ame est la *faculté de penser*, je ne puis entendre autre chose, sinon qu'unie au corps, elle a la puissance de se mouvoir, c'est-à-dire, de recevoir les images, les représentations des objets qui lui sont offertss par les sens; de combiner ensuite, & par un effet nécessaire de cette même puissance, ces différens objets; de se les représenter par abstraction & intellectuellement.

Aureste, je suis très éloigné de penser que cette faculté ne soit qu'un résultat de l'organisation, comme l'odeur est un résultat de l'arrangement des parties du corps d'ou s'exhalent des corpuscules odorans; car il s'ensuivroit de là qu'un homme né muet, sourd, aveugle, sans bras, & les jambes percluses, seroit entièrement privé d'idées. Je dis seulement qu'un tel homme n'auroit que trés-peu d'idées, que même, si l'on veut, on ne s'appercevroit pas qu'il en eut; parceque celles qu'il formeroit, il ne pourroit se les représenter, les sens ne transmettant à son ame aucune image, aucune représentation: mais il auroit en lui le mouvement essentiel, qui ne seroit ni celui de végétation, parcequ'il ne seroit point plante, ni celui de gravitation exclusivement, parcequ'il seroit homme, mais le mouvement de pensée, ou la faculté de distinguer son corps de l'être intellectuel qui l'animeroit.

Au fond, que s'ensuit-il de ces réflexions ? la question est-elle décidée ? J'ai cru entrevoir quelque définition raisonnable : mais pour si peu que je la presse, je suis forcé de convenir qu'elle est tout aussi incompréhensible, que tout ce qu'on a dit sur le même sujet : & cependant ce sont ces diverses opinions qui ont accru l'incertitude des jugemens humains, & qui ont disposé l'esprit à recevoir comme des vérités une foule d'erreurs.

Mais enfin, qu'est ce donc que l'ame ? je n'en sçais rien, & je me tais.

CHAPITRE III.

Des deux anciennes causes, universelles & toujours existantes des Erreurs & des Superstitions.

Qu'ELLE reste à jamais cachée a nos regards cette essence de l'ame, & qu'elle se dérobe aux spéculations de la philosophie & aux puériles recherches de la métaphysique. Au fond, que nous importe de découvrir l'origine, la nature ou la forme de cet être pensant ? Il est foible, sans doute, & vraisemblablement très-borné dans ses opérations, puisqu'il ne peut se replier sur lui-même, & que malgré ses tentatives, ses efforts, son étude & ses méditations, il n'a pû pénétrer encore au de-là de la certitude de sa triste existence.

Insultés à la raison, doctes Dissertateurs ! inventés des sistêmes ; expliqués vos idées abstraites par d'inintelligibles suppositions : servés-vous pour en imposer à vos admirateurs, d'expressions barbares, de mots pompeusement obscurs & de termes inusités : parlés sans cesse de substance, de qualités, de volitions, de facultés sensitives & intellectuelles, &c. Epuisés dans vos disputes & dans vos incompréhensibles raisonnemens toutes les inconséquences & toutes les frivolités de la métaphysique. Convaincu par l'expérience, de l'inutilité de votre érudition, je plains vos auditeurs, & beaucoup plus vous même, qui toujours occupés à discerner, à définir, à diviser, à distinguer des objets imperceptibles & indéfinissables, passés obscurément la vie à vous former des fantômes, à les combattre, & à raconter les chimères de votre imagination. Tandisque vous perdés à ces vaines recherches des jours d'autant plus précieux qu'ils sont courts & rapides, des momens que les moins industrieux des hommes, les moins estimés des Artistes remplissent plus utilement, je consacre à d'importantes observations, à l'étude de la philosophie ce même tems que votre vanité prodigue, & dont je connois mieux & le prix & l'emploi.

Animé du desir de découvrir & d'indiquer les moyens d'affranchir mes semblables du joug accablant des erreurs & de la servitude des superstitions, je ne demanderai point à l'ame humaine, incapable de me répondre, quelle est sa nature & sa forme. Je lui demanderai quels sont les principes constans qui la font agir, quelles sont les causes essentielles de ses pensées, de ses mouvemens, de ses affections; quelle est enfin la perfide lumière qui l'égare sans cesse, & qui dans tous les tems & dans tous les pays l'entraine sur les mêmes écueils, & l'enfonce dans les mêmes ténébres. Si je parviens à découvrir dans l'ame humaine quelques infirmités habituelles, inséparables ici bas de son existence, & toujours inhérantes en elle : si je puis me convaincre que ces infirmités, ces tâches, ces défauts sont le principe & la cause toujours agissante de ses pensées & de ses passions, il ne me restera plus qu'à suivre les progrès des erreurs & des superstitions : j'en aurai découvert l'intarissable source ; & cette découverte m'aura fait voir dans toute sa laideur, la cause de l'uniformité & de l'universalité des préjugés répandus sur la terre. Peut-être appercevrai-je aussi dans cette même cause le principe fécond des institutions civiles & religieuses des peuples de l'antiquité, des loix, des établissemens des Nations, des vices, des vertus, des crimes ; en un mot, de tout ce qui peut avoir quelque rapport avec l'espèce humaine.

Je sçais que je parcours une route battue ; avant moi, je ne l'ignore pas, mille autres ont dévoilé les vices, l'insuffisance & les passions de l'ame humaine : mais je ne connois personne qui ait découvert la source générale, universelle, intarissable de nos égaremens & de nos préjugés. J'ose la dénoncer à la philosophie cette source funeste, & pénétrer dans les sombres détours qui recèlent le germe de nos erreurs & la cause de nos superstitions. O homme ! je t'attaque dans la partie la plus sensible de toi-même ; je vais t'humilier, & te rendre méprisable à tes propres regards. Quand le cinique Diogène insultoit à ses contemporains, il n'avoit d'autre motif que le plaisir cruel d'offenser & de déchirer : ce n'est que pour t'instruire & pour te guider dans la route de la saine raison, que je me vois dans l'affligeante nécessité de t'arracher le masque dont tu voudrois rester couvert, de te montrer à toi-même, & de te faire rougir de ta profonde misére, de tes inconséquences & de l'extrême foiblesse des ressorts qui te font agir. C'est là le but de mes recherches. Content d'avoir indiqué les défauts essentiels de l'ame, d'avoir connu ses maladies, d'avoir apperçu ses playes, & d'en avoir sondé la profondeur, je laisserai à des Philosophes plus instruits, plus adroits, plus heureux, le soin de les guérir.

L'homme est né raisonnable, dit-on : il est plus vrai encore qu'il est né timide & vain. En butte à deux maux qui le poursuivent avec acharnement depuis qu'il entre dans la vie jusqu'à ce qu'il en sort, il en est tourmenté sans cesse. Agité par la crainte, égaré par l'orgueil, il passe perpétuellement des frissons de la peur à l'yvresse de l'amour propre, aux transports de la vanité. Vautours plus dangèreux que celui de Promèthée, ces deux monstres déchirent inceffamment fon ame, violemment tyrannifée par ces deux ennemis de fa tranquilité : paffions d'autant plus véhémentes, que tout, foit au dedans, foit au dehors de nous, en augmente la force, & devient l'aliment de ces couleuvres dévorantes que nous aimons à rechauffer dans notre fein, qui font notre fupplice, & que nous careffons jufqu'à ce qu'elles nous ayent tout-à-fait dévoré le cœur.

Dans les accès de fon orgueil l'homme dit : Dieu m'a donné l'empire fur tous les êtres créés & périffables ; ils doivent refpecter mes loix, & rendre hommage à ma fouveraineté. Mais, en quoi, créature bornée, en quoi confifte donc cette prééminence ? Qu'eft-ce que cet empire confié au plus timide de tous les animaux qui rampent fur la terre ? C'eft un Roi fingulier que celui qui ne peut, fans pâlir, foutenir les regards de fes fujets ; que le moins féroce d'entr'eux glace d'effroi ; que tout allarme & remplit d'épouvante. Le tigre brave le lion, & combat contre lui ; la fière hyène fe jette avec intrépidité fur le farouche léopard : l'homme feul n'ofe lutter que contre l'homme, dont il connoit la foibleffe par fa propre timidité.

Oublions pour quelques inftans nos folles prétentions ; fermons l'oreille aux féductions de l'amour propre, & avouons de bonne foi qu'il n'y a point dans la nature d'être plus malheureux & plus craintif que nous. Grand Alexandre, ambitieux César, magnanimes héros, despotes sanguinaires ! cet aveu vous révolte ; c'est cependant la vérité qui me l'arrache. Eh comment l'homme pourroit-il se délivrer de la terreur ? La nature a donné à tout le reste des animaux des armes propres à les défendre & à garantir leurs jours ; l'homme seul naît desarmé & sans autre défense que sa raison, sa crainte, son adresse ; perfides instrumens qui lui nuisent mille fois davantage qu'ils ne lui sont utiles. Comment pourroit-il être exempt d'effroi, quand tout menace sa vie ; quand tout lui en annonce la perte ? La destruction l'environne ; les ombres de la mort sont étendues sur sa tête ; tous les objets qui frappent ses regards, portent empreint l'arrêt terrible de sa chute prochaine : tout périt, tout meurt autour de lui. Cette terre qu'il foule, récèle dans ses entrailles les générations passées, engloutit chaque jour des millions d'individus, & ne cessera de s'ouvrir jusqu'à ce qu'elle ait achevé d'absorber tous les êtres qui vivent, & qui naîtront encore. Le jour qui s'écoule & se perd dans l'épaisseur des ténébres ; la nuit, tombeau périodique de tout ce qui respire ; les glaces de l'hyver qui plongent la nature dans une mortelle langueur ; les rapides jours du printems qui voit éclore, se faner, & périr les plus brillans trésors de la végétation ; l'ardeur brûlante de l'été qui séche la verdure ; les vents impétueux de l'automne qui dépouillent les forêts, & font tomber les fruits à-peine parvenus à leur maturité ; tout nous annonce, tout nous dit que foibles & soumis aux loix du tems, comme les végétaux, bientôt aussi nous péririons comme eux, quand même nous ne porterions pas au-dedans de nous-mêmes, & dans chaque partie, dans chaque fibre de notre individu le germe de la mort. Ces volcans dont les fréquentes éruptions dévastent des contrées entières, ne peuvent-ils pas se multiplier encore ? Et si liés les uns aux autres par des trainées souterraines de souffre & de bitume, ils viennent tout-à-coup s'enflammer à la fois, quelle violente secousse ne donneront-ils pas au globe entier de la terre ? Que de villes renversées & englouties avec leurs habitans dans la profondeur des abîmes ! Cette catastrophe seroit-elle plus surprénante, plus imprévue, plus cruelle que l'événement terrible qui jadis a dévasté la terre, fait périr, de l'un à l'autre pole, tout ce qui existoit, & dont le souvenir est écrit en caractères effrayans chez toutes les Nations, sur toutes les parties du monde habité.

Les Sauvages privés des moyens propres à transmettre la succession des faits & des révolutions, sçavent comme les peuples instruits & policés, quelles furent les circonstances qui accompagnerent cette scène d'horreur, quelle fut l'épouvante, quelle fut la désolation de l'espèce humaine dans ce désastre universel ; époque mémorable & toujours affligeante de l'empire que la terreur a commencé d'exercer sur les esprits & sur les cœurs. Tranquilles & sans crainte avant cette tragédie, les hommes se livroient sans précautions & sans remords à la fougue de leurs penchans : exempts d'infirmités, forts, vigoureux, robustes, pleins du feu de la jeunesse, & éloignés encore du terme ordinaire de la vie, après l'espace immense de plusieurs siécles écoulés, ils ignoroient qu'il fut un Dieu vengeur ; & rarement témoins de la mort de leurs semblables, ils suivoient, sans rien craindre, le torrent de leurs passions. Mais quand l'Etre suprême eut lancé sur leurs têtes impies les traits de sa colère ; quand prompts à servir sa vengeance, les élémens se furent déchaînés contre la race trop coupable des hommes ; quand le vent du midi eut rassemblé les nuages, & que les vastes réservoirs renfermés dans les catàractes du ciel, fondant avec impétuosité sur la terre, en eurent submergé toutes les habitations, & qu'elles eurent entrainé sous les flots les tours les plus élevées ; qu'elle dut être la désolation & la crainte du petit nombre de mortels que le ciel épargna !

Quel dut être l'effroi dont ils furent saisis, quand spectateurs de ce funeste événement, ils eurent vû la mer couvrir la mer, l'océan sans rivage, les orques, les baleines & la foule de monstres marins nager au dessus des palais, & établir leurs demeures dans les édifices des Rois : quelle idée effrayante ils devoient se former de la divinité, quand ils voyoient la foule proscrite s'efforçant de gravir sur la cime des montagnes, croyant y trouver un azile, & dans le même instant entrainée, engloutie par le courant des ondes. Cette scène d'horreur ne finit qu'avec la destruction presqu'entière des hommes. Alors seulement les flots commencerent à s'abaisser: les nuages se dissiperent, & l'aquilon fougueux resserant cet immense déluge, força les eaux de descendre dans l'abime.

Ce tableau d'épouvante étoit bien capable de remplir de terreur le petit nombre d'hommes échappés au naufrage universel : ils se séparerent, & furent à des distances éloignées, former une nouvelle population. Mais que pouvoient apprendre à leur postérité ces fondateurs du genre humain ? quelle instruction pouvoient ils donner qui fit sur la nouvelle espèce une impression aussi profonde que devoit nécessairement le faire la description de cette affreuse catastrophe ? Quel moyen plus capable d'inspirer à des hommes l'horreur du vice & de l'impiété, que de leur représenter un Dieu jaloux, terrible, implacable dans sa colère, & détruisant l'espèce humaine. Le souvenir de cette grande révolution se conserva d'autant plus aisément, que la race nouvelle ne trouva plus sur la terre les mêmes avantages, ni les mêmes douceurs que ses anciens habitans y avoient goutés. Jusqu'àlors le cours ordinaire de la vie avoit été de plusieurs siècles; désormais il ne fut plus que d'un petit nombre d'années; & la foiblesse de l'enfance, l'étourdissement de la jeunesse, la défaillance & les infirmités de la caducité vinrent remplir la plus grande partie de ces jours si rapides. Des maladies jusqu'alors inconnues se repandirent sur la terre, & verserent sur la tête de ses malheureux habitans leurs funestes influences: ce fut alors que la mort triomphante acquit une autorité nouvelle, & que l'idée & l'image de la destruction s'offrit de toutes parts aux hommes effrayés.

Il est vrai que depuis cette fatale époque les hommes n'ont point éprouvé de désastre universel: mais le terrible souvenir de cette catastrophe n'en est pas moins présent à leur esprit, affoibli comme le corps, en proportion du changement qui nécessairement s'est fait dans toutes les parties du globe. D'ailleurs, sommes nous aujourd'hui moins vicieux, moins criminels que le furent les hommes proscrits par la divinité, & condamnés à périr sous les eaux? Qui sçait si la colère divine n'est pas une seconde fois à la veille de s'enflammer ? Qui nous a dit que le même bras qui a jadis précipité la terre sous les eaux, pour venger sa gloire outragée, ne soulevera pas encore la nature contre l'ingratitude & l'audace des hommes ? A sa voix les astres détachés de leurs orbites ne peuvent-ils pas nous écraser de leur chûte ? Dans son indignation Dieu ne peut-il pas d'un signe briser l'axe de de la terre ? si docile à ses ordres le soleil fixe au milieu des planettes, ou parcourant l'immense zodiaque, quitte l'espace qu'il occupe, & s'approche de nous, quelles excavations assez profondes pourront nous mettre à l'abri de la brulante ardeur de ses rayons ? Celui qui dans l'origine des tems étendit ses aîles fécondes sur les ténèbres éternelles, & divisa les élémens jusqu'alors confondus, ne peut-il pas renverser les limites qu'il leur a prescrites, & les faire rentrer dans le sein de l'antique chaos ?

 Ce furent là sans doute, dans les siècles qui succèdérent au déluge, les pensées que l'homme roula dans son esprit épouvanté. Ces idées se transmirent de génération en génération, & elles ont passé jusqu'à nous, avec la foiblesse, & les infirmités morales & physiques de nos peres : car la nature une fois dégradée, ne reprend plus sa première vigueur; mais elle dépérit toujours, jusqu'à ce qu'elle touche au dernier période de sa décadence.

Ces pensées très-naturelles aux hommes depuis qu'ils n'ont plus fait que végéter dans un état de langueur, ont nécessairement rempli l'ame de terreur. Occupés sans cesse de l'image des calamités passés & de la crainte d'un mal futur; agités, inquiets & toujours pénétrés d'une émotion affligeante, triste, amère, & qui les portoit à croire que réservés aux mêmes malheurs, ils ne fléchiroient pas la colère céleste; quel culte pouvoient-ils instituer qui ne fut analogue à la passion véhémente & superstitieuse qui les tyrannisoit: quelles cérémonies, quels rites pouvoient imaginer des peuples troublés par le délire de la frayeur ? Cependant, aux changemens près, que la grande révolution avoit occasionnés sur la terre, la nature parut calme, les saisons se succédérent, la mer ne porta plus ses flots au-delà des rivages; & les hommes rassurés attribuèrent au culte qu'ils avoient établi le repos dont ils jouissoient. Leur réconnoissance donna plus de dignité aux prières publiques, plus d'appareil aux cérémonies; elle éclata par des chants de réjouissance, par des danses & des jeux, simboles des événemens passés & de la soumission actuelle des Nations. Il régnoit de la confusion dans ces fêtes publiques; il fallut leur donner un ordre plus décent, & l'on choisit des hommes dont l'unique fonction fut d'offrir à la divinité les prières publiques. Ce fut là vraisemblablement l'origine des Prêtres, qui une fois institués, étendirent, autant qu'il fut en eux, & les cérémonies du culte extérieur, & l'espèce de supériorité que leur donnoient leurs fonctions sacrées. D'intercesseurs du peuple auprès de Dieu, ils usurpèrent peu-à-peu le titre imposant d'organes de la divinité auprès du peuple, qu'ils prirent soin tantôt d'intimider, & tantôt de rassurer, suivant les circonstances & l'intérêt de leur ambition. Des hommes qui croyent que des hommes ont une relation intime avec l'Etre suprême, se persuadent aisément que ces augustes interprêtes lisent dans le destin l'ordre des événemens futurs.

L'inconstance de l'air, l'intempérie des saisons & le plus léger dérangement dans l'atmosphère paroissoient à ces peuples, simples, ignorans, & faciles à s'effrayer, des signes avant-coureurs de quelque grand désastre : ils couroient en foule consulter leurs Prêtres, qui feignant d'interroger l'avenir, ne manquoient point, après des réponses ambigües, des oracles obscurs, d'ordonner des prières publiques, de nouvelles cérémonies, toujours accompagnées, suivant l'usage, de danses & de jeux.

Accoutumés à voir calmer par un tel culte le courroux du ciel, les hommes confondirent bientôt le culte extérieur avec la religion, & ils se persuaderent que c'étoit par l'observation de ces mêmes cérémonies qu'on parvenoit à lire dans l'avenir, à pénétrer les décrèts éternels, à prévenir, ou même à changer l'ordre des événemens, à suspendre le cours invariable des loix de la nature. Ainsi les préjugés s'accrurent: ainsi la superstition fut portée à son comble, quand la fourberie des uns, l'ignorance & le fanatisme des autres eurent accrédité les élemens absurdes, les principes faux & grossiers de la science de l'avenir. Toute idée raisonnable fut éteinte, quand les Prêtres, assurés par une longue possession de la confiance publique, eurent rendu les cérémonies plus mistérieuses, & que quelques-uns d'entr'eux plus hardis que les autres, d'intercesseurs du peuple & d'organes de Dieu, furent parvenus, à force d'impostures, d'adresse, de prestiges, & vraisemblablement à la faveur de quelques crimes heureux, à se faire adorer eux-mêmes comme des dieux protecteurs de l'humanité. Ce fut alors que chacun de ces fourbes ajoûta au culte primitif, établit des cérémonies, fonda une nouvelle religion, & s'élançant du sanctuaire sur l'autel même de la divinité, partagea avec l'être unique & suprême l'empire de l'Univers, les vœux, les adorations & les offrandes des mortels. De-là les cultes différens répandus autrefois sur la terre; de là la multiplicité des dieux, &

la prodigieuse quantité des superstitions, filles de la terreur & de l'orgueil : car sans orgueil jamais les hommes n'eussent pensé qu'ils pouvoient, quand ils le jugeoient à propos, obtenir tout du ciel, & contraindre même la volonté de Dieu, pourvu qu'ils observassent certaines cérémonies, qu'ils proférassent certaines formules, qu'ils missent en effervescence les sucs de certains végétaux, &c. Sans l'orgueil, jamais la démence humaine n'eut été jusqu'à placer de simples mortels au rang même des dieux.

Il est vrai que la folie du polithéisme s'est évanouie depuis qu'une lumière plus pure, plus auguste, a éclairé la terre : mais les deux grandes causes, la terreur & l'orgueil, qui produisirent autrefois les erreurs & les superstitions du paganisme, subsistent encore dans toute leur vigueur, chez des Nations éloignées, & régnent sur les ames avec le même empire ? Eh quel homme, quelque ignorant qu'il soit, s'il n'étoit tourmenté par la défiance, les images mélancoliques, les frissons & les fantômes de la terreur, seroit assez absurde pour prendre contre les maux futurs, & qui peut-être n'arriveront jamais, des précautions superstitieuses ? Quel peuple assez grossier, si l'yvresse & le délire de l'orgueil ne l'eussent égaré, eut jamais consenti à croire que l'extrême bisarrerie d'un culte ridicule & stupide, l'arrangement de quelques mots & l'appareil miftérieux de quelques cérémonies, forçoient les dieux à obéir aux hommes, détournoient les malheurs, arrachoient à la mort & la proie qu'elle alloit dévorer, & les victimes qu'elle avoit immolées, fufpendoient le cours réglé des aftres, éteignoient la foudre dans les mains de Jupiter même, guériffoient les maladies les plus defefpèrées, & intervertiffant l'ordre des tems, otoient à l'avenir fon impénétrable voile, & l'obligeoient de prendre la place du préfent ? Pourquoi ces fuperftitions ont-elles été communes à toutes les Nations ? Je ne crois pas me tromper, en répondant que c'eft parceque les deux paffions dont je viens de parler, ont toujours fervilement affecté plus ou moins tous les cœurs. Les hommes jaloux de leur indépendance & de la liberté de vivre au gré de leurs penchans, n'euffent jamais fongé à former des fociétés, à fe foumettre à des Supérieurs chargés du commandement & de l'exécution des loix publiques, s'ils n'euffent rédouté les perils qui les environnoient, & les menaçoient fans ceffe, lorfqu'ils vivoient errans & ifolés, beaucoup plus que la contrainte de la fubordination & les chaînes de la dépendance. Je répondrai avec Hobbes, que les hommes n'aiment la fociété les uns des autres que par l'utilité qu'ils efpèrent en retirer, & que cette utilité confifte dans la fureté publique & particulière,

c'eft-à-dire,

c'est-à-dire, dans l'affranchiſſement des effets de la crainte, & dans la protection contre les attentats ambitieux & hardis de l'orgueil. Je répondrai que, malgré les avantages de la ſociété, ces deux paſſions ont
conſtamment produit la défiance & la cruauté
dans les tyrans ; l'impoſture dans les fourbes,
la crédulité dans les peuples ; parceque tous
les hommes agités par les mêmes mouvemens, remplis du même trouble & des mêmes inquiétudes ont dû très-naturellement
penſer & agir d'une manière uniforme dans
tous les tems & dans tous les pays. Les Spartiates ont formé, ſans contredit, le peuple
le moins timide de l'antiquité ; la valeur &
l'intrépidité étoient en apparence les deux
grandes vertus des Spartiates ; & toutefois
la terreur avoit à Lacédemone un temple,
des autels & des Prêtres. Chez les Romains,
Tullus Hoſtilius inſtitua un culte à l'honneur
de la Crainte : & n'étoit-ce pas à la même
divinité ou plutôt à la même paſſion, ſous
le nom de Jupiter, d'Apollon, de Mercure,
de Diane, de Mars, &c. N'étoit-ce pas à
la Terreur à qui l'on offroit des vœux & des
ſacrifices? N'eſt-ce pas à elle auſſi que les ſtupi-
des Groëlandois s'adreſſent, avant que de rien
entreprendre ; n'eſt-ce pas elle qui les inſpire dans leurs prières & leurs vœux ? Quelle
autre paſſion que la crainte rend nos laboureurs ſi crédules aux apparitions & aux ac-

tes insensés de la sorcellerie? Quelle autre passion que l'orgueil ou le desir de dominer sur des esprits timides & ignorans, perpétue la barbarie de ces préjugés? Quels motifs ont produit ces monstrueux sistêmes, inventés par les hommes depuis qu'ils se sont rapprochés, ces opinions bisarres sur la formation de l'Univers, sur l'essence de l'ame, la nature des dieux, &c.? La crainte des maux à venir, & l'orgueilleuse ambition de pénétrer dans des mistères interdits à l'esprit humain.

Il n'est donc pas étonnant que les mêmes passions ayant guidé les hommes dans leurs plus importantes recherches, ils se soient si fort imités dans leurs institutions; qu'ils ayent adopté les mêmes préjugés, qu'ils se soient asservis aux mêmes superstitions. Il n'est pas étonnant que la métaphysique, la philosophie, & toutes les sçiences qui roulent sur des objets intellectuels, n'ayent fait aucun progrès, & qu'à cet égard, comme à beaucoup d'autres, nous nous trouvions encore dans l'enfance du monde.

CHAPITRE IV.

Les Anciens étoient-ils plus sçavans que nos peres ? Nos peres étoient-ils plus ignorans que nous ?

ILs étoient bien absurdes dans leurs rêves philosophiques ces Sages de la Grèce, dont tant de gens encore admirent les délires. Qu'ont-ils donc fait de si sublime & de si merveilleux ? A l'exception du vertueux Socrate, qui n'a jamais écrit, & que le *divin* Platon fait si souvent déraisonner dans ses éloquens bavardages, que nous ont-ils appris de si utile & de si respectable ces hommes extraordinaires ? Des fables ridicules, des contes puériles, des erreurs plus frappantes les unes que les autres, & toutes cependant accréditées à mesure qu'elles ont été répandues. A mon avis, Pythagore a été le moins déraisonnable de ces génies supérieurs; non que son monstrueux sistême me paroisse plus vrai que tout autre; mais parceque c'est celui de tous qui approche le plus de la vraisemblance ; parcequ'il plait à la raison ; parcequ'il est aisé, sinon à démontrer, dumoins à soutenir par des apparences de preuve ; en un mot, parceque ce sistême, quand il fut inventé, ne combattoit aucune opinion reçue, & qu'il n'étoit opposé directement à aucune sorte de dogme, de culte, de croyance.

En effet, la transmigration des ames n'exclut ni leur immortalité, ni la doctrine d'un Dieu vengeur & rémunérateur, ni rien de ce qu'il importe le plus aux hommes de toutes les nations & de tous les âges, de croire. Aussi le bon P. Tessier, moine sçavant, autant qu'il pouvoit l'être, soutint-il publiquement à Béziers, vers la fin du dernier siécle, qu'il étoit très-probable que Pythagore & ses disciples eussent été tout autant de Religieux de l'ordre du Mont-Carmel. Il est vrai que cette thèse fut censurée à Rome, & déclarée scandaleuse, mal sonnante, sentant l'hérésie, & condamnée par décrèt du 25 Janvier 1684. Mais moins docile à la censure des examinateurs Romains, qu'enchanté de l'idée du P. Tessier, M. Mayer, sans adopter entièrement cette opinion, ne crut pas non plus devoir la rejetter par déférence aux lumières de quelques esprits prévenus, inquiets, ou jaloux. Dans une énorme dissertation publiée sous ce titre: *utrum Pythagoras Judœus fuerit, an monachus Carmelita*, M. Mayer prouve qu'à la vérité il est douteux que Pythagore ait été circoncis; mais qu'il se pourroit bien qu'il a été Carme profès.

Quoiqu'il en soit, Juif, idolâtre, ou Re

ligieux du Mont-Carmel, on dit que Pythagore, avant que de bâtir son sistême de la métempsycose, consulta les Sçavans les plus célèbres de la Grèce, & qu'ensuite il alla voyager en Egypte, en Phénicie, & surtout dans la Caldée, où il conversa avec les Mages qui étoient les Philosophes du pays, quoiqu'alors la Caldée, si sçavante autrefois, fut plongée dans la plus profonde ignorance. C'est à peu près comme si de nos jours, un homme qui voudroit s'instruire des choses les plus importantes à connoitre, commençoit par consulter MM. de Voltaire, d'Alembert, Helvétius, Diderot, &c., & qu'il allat ensuite à Féz, à Maroc, à Tunis, à Alger converser avec les Pyrates qui sont les Philosophes de ces pays.

Cette visite de Pythagore aux Mages de la Caldée, pourroit aussi fournir un beau sujet de dissertation ; non pour sçavoir si les Sages que le Grec consulta, étoient de l'ordre du Mont-Carmel ; mais pour examiner si Pythagore avoit besoin de faire ce voyage pour créer son sistême de la transmigration des ames.

Quant à moi, qui ne crois que sur de fortes preuves, aux bévues & aux inconséquences que l'imbécilité des Ecrivains subalternes a toujours été dans l'usage d'atribuer aux grands hommes, je ne vois pas par quel motif Pythagore se seroit éloigné de sa patrie inftruite, pour aller auprès des Mages chercher des lumières qu'ils étoient hors d'état de lui communiquer. D'ailleurs, falloit-il tant courir, tant voyager pour concevoir le fiftême très-naturel, très-fimple, de la tranfmigration des ames ?

Les Grecs inftruits alors, Philofophes & vains, comme on l'eft dans un fiécle éclairé, connoiffoient tout ce qui avoit été penfé, écrit & dit de plus lumineux fur l'ame humaine, depuis la création jufqu'à eux, de même qu'on connoit aujourd'hui tout ce qui a été dit de moins obfcur fur le même fujet, depuis Pythagore jufqu'à nous. Alors donc, comme actuellement, il réfultoit de cette connoiffance, que les hommes de tous les tems & de toutes les nations avoient eu toujours, à peu de chofe près, les mêmes idées, les même défauts, les même vices, le même fond de caractère ; de même que les vautours ont conftamment dévoré les colombes, demême que les loups ont toujours déchiré les agneaux, de même que les fleuves ont coulé, fans interruption, de leur fource à leur embouchure. Or, de cette tranfmiffion conftante, univerfelle, d'idées & de caractèreres, Pythagore concluoit, que puifque les ames de tous les fiécles & de toutes les contrées fe reffembloient fi fort, il étoit très-vraifemblable que c'étoient les mêmes ames, qui fucceffivement animoient

& quittoient les corps qui périssoient, & qui naissoient tour-à-tour.

Cette consequence conduit tout naturellement au sistême de la métempsycose ; sistême, qu'on me permette de le dire, bien plus aisé à concevoir du tems de Pythagore, que celui d'une création perpétuelle d'ames, toujours neuves, mortelles, périssables, & toutes néanmoins exactement semblables à celles qui ont habité les corps qui ont péri.

Mais si l'ame, disoit-on, ne fait que passer de l'individu qui meurt dans celui qui reçoit la vie, pourquoi conservant ses affections ses bonnes & mauvaises qualités, perd-elle tout-à-fait le souvenir de sa première existence ? pour quoi ne conserve-t'elle plus aucune trace des impressions qu'elle a jadis reçues ? Pythagore trouvoit ces questions très-foibles. Qui ne voit, disoit-il, que s'accrochant à de nouveaux organes, l'ame doit, sans rien perdre de son essence primitive, recevoir de nouvelles modifications, comme la même cire reçoit successivement mille différentes empreintes, quoique sa substance reste toujours la même. Eh ! d'où viendroit, ajoutoit'il, d'ou viendroit, dans l'hypothése d'une création perpétuelle de nouvelles ames, cette susceptibilité de préjugés si naturelle à tous les peuples ? d'ou viendroit cette difficulté tout aussi naturelle, que tous les hommes ont à découvrir la vérité, ce goût prédominant qu'ils ont tous pour l'erreur, & pour le même genre d'erreur ?

Mon dessein n'est pas d'examiner ces opinions tant agitées & si peu éclaircies. Je laisse aux Docteurs Indiens, Mahométans, Persans, &c. à défendre, à force de cris & d'injures, la doctrine de Pythagore, ou si l'on veut, ses folles visions. Je demanderai seulement d'où vient, si la terreur & l'orgueil n'offusquent pas sans cesse le flambeau de la raison humaine, que depuis l'empire de la Chine, le plus vaste des gouvernemens, jusqu'à la République de St. Marin, toutes les nations ont eu & ont encore leurs préjugés, leurs fables, leurs superstitions ? Je voudrois sçavoir ensuite qu'elle seroit, si ce n'étoit la crainte des calamités futures & le souvenir des désastres passés, qu'elle seroit, dis-je, la cause, ou morale, ou physique, de la ressemblance qu'il y a entre les superstitions de deux peuples qui n'ont jamais eu aucune communication ? Si les superstitions viennent de la terreur, comme je crois l'avoir prouvé, & si la terreur est malheureusement un vice inhérent à l'ame, je ne suis plus embarassé à trouver la raison de leur ressemblance, de la rapidité de leurs progrès, de la force & de la durée de leur autorité. Eclairé par cette découverte, je ne suis plus surpris de la bisarrerie, de la foiblesse, ni des inconséquences de l'esprit humain. Persuadé de l'influence générale & toujours agissante de la crainte & de l'amour propre sur les pensées & les actions des hommes, je suis forcé de convenir que nos peres devoient être aussi crédules que les Anciens ; qu'il y auroit en nous de la folie à nous croire plus éclairés que nos peres; enfin, que ce seroit nous rendre le plus cruel des services (si la crainte & l'orgueil sont des vices indestructibles) que de combattre des erreurs qui, dans le déplorable état de notre condition, ne sont pas moins nécessaires au bonheur de chacun de nous, qu'elles sont essentielles à la tranquilité générale & à la sureté des gouvernemens qui les ont adoptées

CHAPITRE V.

Y a t-il autant de Superstitions qu'on le croit communément ? Qu'est ce que la superstition ? A quels signes peut-on la reconnoître ?

UN Observateur mal-adroit crut voir, dans le siècle dernier, de l'or germer dans des grains de raisin d'un vignoble Hongrois. Fier de sa découverte, il l'annonça à l'Europe sçavante, & l'Europe sçavante examina très-sérieusement comment il se pouvoit faire que des seps ordinaires distillassent de l'or. La question fut longtems discutée. Quelques-uns avouoient qu'ils ne comprenoient pas le méchanisme de cette production. Le plus grand nombre disoit que rien n'étoit plus simple que les opérations de la nature dans cet or végétal. Mais comme personne n'expliquoit distinctement ce méchanisme, on disputa beaucoup ; les Sçavans s'échaufferent, abandonnerent la question pour se dire des injures, revinrent à la proposition, & ne pouvant s'accorder, retournerent aux personnalités. Sur la fin de la dispute, un homme qui n'étoit ni sçavant, ni naturaliste, ni physicien ; un homme simple, & raisonnable seulement, alla examiner cette production; il trouva que ce qu'on avoit pris pour une végétation nouvelle, n'étoit autre chose que quelques sables d'or que le vent détachoit d'une mine du voisinage, & transportoit dans cette vigne. On dit aussi de je ne sçais quel Philosophe Grec, qu'ayant mangé des figues qui avoient le goût du miel, il rêvoit profondement à la cause inconnue de ce phénomène, & qu'il entrevoyoit déjà une raison plausible, lorsque son Esclave lui dit qu'il étoit inutile de se creuser la tête, & de chercher des causes surnaturelles à un effet très-naturel; que ce n'étoit point l'arbre qui avoit donné le goût du miel à ces figues; mais que c'étoit le vase dans lequel elles avoient été servies, & qui auparavant avoit été rempli de miel.

Il en est à peu près de même de la plûpart des questions philosophiques; elles roulent presque toutes sur des objets très-incertains, & qu'on admet comme existans & démontrés. A tout prendre, je crois qu'un peu de pyrrhonisme est plus raisonnable encore & plus philosophique qu'un excès de crédulité.

Avant donc que d'examiner les dangers ou les avantages de l'erreur & de la superstition, je crois qu'il seroit bon de s'assurer s'il y a réellement des erreurs & des superstitions. Quelques-uns trouveront cette proposition absurde : elle ne l'est cependant pas. Il est vrai que l'on parle beaucoup des désastres publics, des catastrophes effrayantes qu'ont entrainé les superstitions. Ce sont, ne cesse t'on de dire, les plus cruelles ennemies de l'espèce humaine : c'est contr'elles que les vrais Sages doivent se déchainer ; ce sont elles qu'ils combattent ; c'est contr'elles qu'ils luttent, & que trop souvent ils échouent. Voilà sans doute de généreux projets, des vues respectables, de glorieuses chutes : mais est-on bien d'accord sur le point principal de cette grande question ? Est-il bien vrai qu'il y ait des erreurs ; & si elles existent, n'en est-ce pas une aussi que de donner à certaines opinions, à certaines coutumes, à certains usages les noms de superstition, de préjugés, &c ?

Qu'est-ce, en effet, que la superstition ? C'est, a-t'on dit, un culte de religion minutieux, bisarre, mal dirigé, mal ordonné, rempli de préjugés. Mais si un culte institué par des hommes, pour en imposer à des hommes, est produit par les deux passions dominantes qui les animent tous ; s'il excite la terreur, s'il flatte l'amour propre ; s'il est conforme au caractère plus ou moins timide, plus ou moins orgueilleux du peuple qui l'a adopté, pourra-t'on dire d'une telle institution, qu'elle est mal dirigée, mal ordonnée, criminelle, ou remplie de préjugés ? Un culte doux & simple paroîtra fort bisarre à un peuple dur & barbare, comme un culte féroce sera d'une bisarrerie extrême, d'une atrocité révoltante aux yeux d'une nation douce, sage, éclairée. Mais relativement à chacun de ces peuples, y aura-t'il des préjugés, de la bisarrerie dans le culte que chacune des deux nations n'a reçu que parcequ'elle l'a cru fondé sur le desir de rendre hommage à Dieu ? Colomb trouva les temples du Méxique inondés du sang des hommes. Ce culte lui parut affreux, & il l'étoit sans doute : cependant tel étoit l'aveuglement des sauvages Méxicains, qu'ils eussent cru manquer à la divinité, s'ils eussent renoncé à ces cruels sacrifices. Quel d'entr'eux eut osé élever sa voix en faveur de l'humanité ? Quel d'entr'eux eut donné le nom d'usage impie à ces fêtes sacriléges ? Ils étoient tous féroces à force d'ignorance, comme leur culte étoit horrible à force de barbarie : mais il étoit conforme à leur caractère, & plus encore à l'idée effrayante qu'ils se formoient de la divinité. Aussi ne peut-on pas dire que, quoiqu'ils eussent une très-fausse opinion de Dieu, les Méxicains fussent superstitieux : ils étoient timides, sanguinaires, impies & stupides. C'étoient des frénétiques qu'il falloit adoucir en les éclairant, & non les exterminer pour les convaincre, comme l'a observé l'Historien de la conquête du Méxique (Garcilasso de la Véga); il falloit affoiblir dans leur ame le sentiment de la terreur qui la tirannisoit, & non accroître leur frayeur, en les égorgeant au nom d'un Dieu paisible & bienfaisant.

Y auroit-il de la justice à proscrire parmi nous, aulieu de les instruire, ceux qui croyent aux sorciers, aux revenans, aux maléfices, sous prétexte qu'ils ont une idée fausse & bisarre de Dieu ? Les malheureux habitans du Méxique n'étoient pas plus coupables, quoique leur doctrine fut plus cruelle, leurs dogmes plus atroces, leurs coutumes plus horribles. Si nos paysans étoient abandonnés à eux-mêmes & à leurs préjugés; si, loin des hommes instruits qui sont chargés du soin de les conduire, & devenus plus grossiers, plus stupides, effrayés par des évènemens imprévûs, extraordinaires, ou trompés par quelque imposteur, ils instituoient un culte; qui doute que cette institution religieuse ne fut tout aussi bisarre, tout aussi mal dirigée que l'étoit, il y a trois siécles, le culte des Méxicains ? Qui doute que le but principal des cérémonies qu'ils établiroient, ne fut de détourner les maléfices, d'appaiser les revenans, de prévenir les funestes effets des enchantemens, & d'arroser l'autel du sang de quiconque seroit soupçonné parmi eux d'être sorcier, ou enchanteur.

Par la même raison que cette classe d'hommes simples, ignorans & crédules ne sont que superstitieux, ils deviendroient cruels, sanguinaires, atroces; parcequ'ils ont en eux le germe de la férocité, la crainte des maux à venir, passion véhémente, & plus ou moins terrible dans ses effets, en proportion de l'empire que l'ignorance & la crédulité exercent sur les esprits. Car, au fond, les préjugés ayant tous la même origine, ils ne diffèrent entr'eux que par la manière dont ils sont adoptés, respectés, & suivis. Ainsi l'on peut dire, sans crainte d'avancer un paradoxe, que si c'est une superstition de croire aux sorciers, aux revenans, aux maléfices, &c.; cette superstition venant nécessairement de la même cause que de celle qui a inspiré aux peuples de l'antiquité le polythéisme, les oracles, les sacrifices, l'usage des victimes humaines; nos paysans, si on cessoit de les instruire, & qu'on les abandonnât à leurs propres lumières & à leurs préjugés, tomberoient dans la démence de l'ancienne idolâtrie; supposé toutefois que leurs opinions, qui nous paroissent si grossières & si déraisonnables, soient réellement des erreurs.

Aussi, faut-il avant que de parler de l'atrocité des cultes des Anciens, examiner si nous devons condamner, ou respecter ces superstitions bisarres, ces préjugés populaires qui nous paroissent insensés, & qui tiennent beaucoup moins à aucune espèce de culte raisonnable, qu'à la grossiéreté des mœurs & à l'imbécilité de ceux qui les adoptent. La difficulté pour le peuple consiste à séparer ces préjugés qu'il faut méprifer, des opinions & des dogmes qui doivent être respectés. Les uns regardent tous les usages reçus & toutes les cérémonies sagement établies, comme autant de superstitions folles & deshonorantes ; tandifque les autres sont pénêtrés de vénération pour des coutumes minutieuses, des usages ridicules, des sentimens absurdes. Les uns ou les autres se trompent : quels sont ceux qui sont dans l'erreur ?

Interrogeons les Chinois, les Tartares, les Samoyèdes ; ou, sans aller si loin, consultons ceux de nos voisins qui diffèrent de nous par leurs mœurs, leurs usages, leur caractère. Tout ce qui nous paroit bien dirigé, bien ordonné, ne leur paroit-il pas bifarre, puérile ? Ne faisons-nous pas sur eux la même impression que font sur nous les préjugés, reçus jadis par la nation entière, décrédités & restraints maintenant à cette classe qui n'est peut-être ni la plus folle, ni la moins éclairée, que nous nommons la populace.

Qui m'apprendra donc ce que c'est que la superstition & les préjugés populaires ? Qui me fera connoitre les opinions que je dois regarder comme superstitieuses ? Il faut

tout

tout croire aveuglement, disoit d'un ton gravement ridicule, le perfide Anitus au vertueux Socrate. O Anitus, lui répondoit le Sage, tu n'as sur ma pensée aucune autorité : tu peux tromper les têtes foibles, mais tu n'étendras pas sur mes yeux le voile de l'ignorance qui couvre tes pareils. Quelles folles rêveries viens-tu me raconter, orgueilleux Précepteur ! Pourquoi veux-tu me contraindre à adopter tes enchanteurs, tes fables, tes fantômes ? Ou laisse-moi douter, ou montre-moi du moins, si tu veux me persuader, un magicien, un dieu, une déesse ; fais que je voye un spectre ; prouve-moi que cette statue de Diane, ou d'Appollon, si grossièrement sculptée, a opéré ces grandes choses, dont toi & tes semblables vous faites payer si chèrement l'incroyable récit.

Quelle folie, ne cessent de me dire bien des Sçavans, qui, dans leurs éloquens ouvrages prennent fastueusement & le titre & le ton d'Instructeurs de l'Univers ; quelle folie à toi d'écouter des imposteurs ! Laisse la multitude s'enivrer de tant de chimères. Ils riroient trop eux-mêmes de ta simplicité. Abandonne les à leur délire ; approche & vois : consulte la sagesse & nous ; lis nos ouvrages, & tu seras convaincu qu'il n'y a rien de vrai que ce que les yeux voyent distinctement, ce que les oreilles entendent sans confusion, ce que la raison conçoit sans nuages, ce que l'esprit approuve sans hésiter.

Mais vous que je respecte, sublimes Dictateurs ! vous qui brillés de mille découvertes ; vous qui, moins impérieux, moins vains & moins tranchans dans vos décisions, mériteriés les éloges que vous vous prodiguez si libéralement ; qui êtes-vous pour que je doive m'en rapporter aveuglement à vos assertions ? Quelles sont vos autorités ? Quelle est la base de vos dogmes ? quelle est votre mission ? Vous êtes, dites-vous, des Sages très-instruits ; vous n'aspirés qu'à la gloire d'éclairer l'humanité. Mais ceux qui m'ont appris le contraire de ce que vous me dites, étoient aussi des Sages ; ils étoient instruits autant que vous ; ils avoient, comme vous, des mœurs, des talens, du génie. Pourquoi donc leurs principes, pourquoi leurs conséquences, pourquoi leurs raisonnemens différent-ils si fort de vos principes, de vos raisonnemens & de vos conséquences ? Eux, ou vous, êtes dans l'erreur ; eux, ou vous, me trompés. Quand des Auteurs célébres, également instruits, éloquens, énergiques, sont divisés dans leurs opinions ; à quel d'entr'eux s'en rapporter ? A aucun. A qui donc recourir ? A soi-même, & rejetter, pour sortir d'incertitude, toute autorité étrangère.

Oui, sans doute, il est au-dedans de moi un guide supérieur à tous les discours des hommes. Le ciel, pour mon bonheur, m'a doué d'une lumière intérieure, qui toujours ranimée par la bienfaisante nature, me conduit, sans erreur, à travers l'obscurité des doutes. C'est elle que je consulte, loin des livres, des Rhéteurs, & de toute société. C'est elle qui m'apprend à douter sans tourment, à péser sans partialité, à conclure sans audace. C'est elle qui m'enseigne que s'il y a de l'imbécilité à tout admettre, il y a aussi de la folie à nier tout ; que le vrai Sage, c'est-à-dire, celui qui toujours enflammé par l'amour de la vérité, a le courage de penser au milieu des hommes qui ne pensent point, s'éclaire, & ne rejette ou n'admet, qu'après un examen réfléchi des faits, des récits & des preuves. Lui seul connoit avec justesse, & juge sans prévention ; tandisque l'absurdité apparente des choses est pour les uns une infaillible démonstration de leur impossibilité, & pour les autres, une preuve assurée de leur existence : car, c'est là communément le caractère distinctif des foibles & de la multitude. J'en appelle à tous ceux qui ont étudié le peuple ; ils sçavent que plus les circonstances d'un fait sont extraordinaires, & plus le peuple les adopte avec avidité. Aussi ne suis-je point du tout étonné de l'extrême facilité que l'on a eue autrefois, & que bien des gens ont encore, à croire les prodiges que la plûpart des Historiens de l'antiquité ont eu soin de raconter. Je serois trop injuste, si je faisois un crime à Hérodote, à Tite-Live, &c., de cette énorme quantité de fables qu'ils ont entassées dans leurs recueils de mensonges historiques.

Si ces Ecrivains ont été assez simples pour être persuadés de la certitude des évènemens qu'ils ont rapportés, ils n'ont fait que rendre hommage à la vérité, telle qu'ils la voyoient. Si au contraire ils ont été les inventeurs des contes qu'ils nous ont transmis; ils me paroissent excusables encore d'avoir voulu, par un charlatanisme pardonnable à tout Ecrivain qui veut se distinguer, en imposer à la postérité. Ils ont jugé de nous d'après leurs peres; ils en ont jugé d'après leurs contemporains, & ils ne se sont pas trompés. En effet, dans tous les tems & dans tous les pays, les hommes réunis en société, ont, au fond, toujours été les mêmes, c'est-à-dire, tels à peu près qu'Aristophane représente le peuple Athénien dans une de ses comédies, où il l'introduit sous la forme d'un bonhomme, timide, vieux & crédule, qui ne se défie de rien, qui ne doute de rien, qui délire sur les événemens les plus simples, & qui n'exige pas même qu'on sauve en sa faveur les apparences de l'absurdité.

Il est vrai que dans tel ou tel gouvernement on trouvera peut-être, comme à Athènes, quelques Sages qui douteront, qui raisonneront, & qui même, si on les presse, auront la force de nier : mais cette imperceptible portion de la société, que pourra-t'elle contre la multitude ? Quatre ou cinq Penseurs oseront-ils lutter contre des millions d'automates parlans ? S'ils se hazardent à élever la voix en faveur de la vérité, qu'ils s'attendent aux plaintes, aux clameurs, aux accusations. Ils seront trop heureux si la foule indignée veut bien se contenter de leur donner les noms d'impies, d'esprits-forts, d'incrédules, en un mot, de philosophes.

Il est bien dangereux de penser hautement, & d'entreprendre de détruire des erreurs adoptées. Malheur à quiconque plus zélé que prudent, plus attaché à la vérité qu'ami de son propre repos, ose d'une main hardie renverser les idoles que l'imposture a érigées, & que les préjugés populaires adoptent ! Valère Maxime nous apprend qu'Aulus Gabinius, le plus vil & le plus scélérat des Romains, fouloit impunément & ravageoit l'Egypte, que le Sénat & le peuple lui avoient ordonné de défendre contre l'avidité des Arabes. Les Egyptiens gémissoient sous le joug, & n'osoient le briser. Gabinius entreprit de rétablir Aulètes sur le trône, d'où ses crimes & l'indignation publique l'avoient forcé de descendre. Il réussit ; Ptolomée reprit le sceptre, & les Egyptiens obéirent au tyran qu'ils avoient exilé. Couvert du sang de sa fille qu'il avoit égorgée ; de celui de son gendre qu'il avoit immolé, Ptolomée, l'objet de la haine & de l'exécration de ses peuples, regnoit paisiblement à l'ombre de la crainte qu'inspiroit le féroce Gabinius. Mais un jour, un soldat Romain tua publiquement, & par mégarde, un chat. Les Egyptiens qui sans se plaindre, sans oser murmurer, avoient souffert tout ce que le despotisme a de plus revoltant, l'injustice, de plus dur, la cruauté, de plus atroce, ne se sentirent pas la force de supporter ce dernier outrage. La mort d'un chat fut le signal de leur revolte : l'indignation, la rage s'emparèrent de tous les cœurs ; ils coururent en foule au palais de Ptolomée, qu'ils poignardèrent, non à cause de ses crimes, mais pour venger la mort d'un animal, qu'ils regardoient comme le Dieu tutélaire du pays. Je conviens que les Egyptiens étoient des insensés ; mais qu'on convienne aussi que leur vénération pour un animal domestique qui leur étoit utile, n'étoit pas plus stupide que le respect de la plûpart des superstitieux pour les Idoles, ou qu'ils se sont forgées, ou dont ils croyent l'existence, d'après les imbéciles autorités, qui ont accrédité ces objets méprisables de crainte & de terreur.

CHAPITRE VI.

De la diversité des anciens cultes.

IL n'est plus ce beau siécle dont le souvenir est encore si cher à l'humanité, cet âge d'or dont on ne cesse de retracer la séduisante image, & qui peut-être n'a jamais existé que dans l'imagination brillante des Poëtes. Alors, dit-on, les hommes couloient des jours paisibles, & vivoient au milieu des plaisirs dans le sein du bonheur, sous l'empire de l'innocence & de la vérité. La terre produisoit sans culture, le ciel étoit sans nuages, les esprits sans malice, & les ames sans vices : des ruisseaux de lait & de miel, symboles de la douceur & de l'intégrité serpentoient de toutes parts dans les champs & dans les vallées. L'amour & la vénération qui pénétroient les hommes, tour-à-tour occupés à jouir de leur félicité, à méditer sur les perfections divines, & leur reconnoissance pour les bienfaits dont ils étoient comblés, furent sans doute alors la base & les motifs du culte auguste & simple qu'ils rendirent à l'Etre suprême. Ils l'adoroient en silence, ou laissoient éclatter les transports de leur joie & de leur gratitude, en chantant l'ordre majestueux & la marche des corps célestes, la fécondité de la terre, les productions multipliées de la nature, la chaleur vivifiante & tempérée du soleil, l'éclat radieux des jours, la douce lumière des nuits. La bonté paternelle du Souverain de l'Univers, qu'ils voyoient empreinte dans toutes les parties de la création, étoit le grand objet de leurs vœux & de leurs prières. Mais quand ingrats envers leur bienfaiteur, les hommes eurent négligé d'adorer sa puissance ; quand corrompus & entraînés par leur perversité de vice en vice, de crime en crime, ils eurent, à force d'injustice & de scélératesse, attiré sur leurs têtes impies la vengeance céleste ; quand à l'exception de quelques justes épargnés, la colère de Dieu eut fait périr tout ce qui avoit vie sur la face de la terre ; & lorsque ce petit nombre de mortels échappés à la proscription générale, eut vû le terrible spectacle de la destruction universelle; dès lors à la vénération due à l'Etre suprême, se joignit un sentiment plus vif, la crainte de son indignation ; sentiment cruel, & qui se conservant de génération en génération, passa des restaurateurs du genre humain à leur postérité la plus reculée.

J'ai dit (chap. 3) comment après cette étonnante catastrophe, la terreur, l'ignorance & l'orgueil avoient fondé, au lieu d'un culte de vénération & d'amour, des cérémonies absurdes & des fêtes superstitieuses, plus propres à exprimer les sentimens de trouble & de confusion qui agitoient les ames, qu'à peindre leur reconnoissance, leur piété, leur zèle. Il ne me reste donc qu'à examiner ici comment la même passion égarant tous les hommes, ils instituerent des fêtes différentes & des cultes divers.

Pour découvrir la cause de la variété si surprénante de ces cultes, il suffit de connoitre les différens effets que la crainte peut produire, les nuances infinies de l'expression de la terreur, les égaremens innombrables dans lesquels la peur jette les hommes, les transports que le trouble peut causer à l'esprit humain, les superstitions que l'imagination effrayée peut enfanter, & qui une fois introduites ne font plus qu'augmenter, & plonger les nations qui les ont accréditées, dans la nuit de l'ignorance, des erreurs & des préjugés.

Ce ne sera ni dans la théogonie d'Hésiode, ni dans les chants d'Homère, ni chez aucun des peuples de la Grèce, que je chercherai la raison de la diversité des cultes établis autrefois chez la plûpart des nations ; parceque dans ses premiers tems la Grèce barbare & inhabitée ne fit que donner azile aux diverses religions depuis longtems instituées dans la patrie éloignée des divers fondateurs de ses gouvernemens. Qui ne sçait que les colonies conduites par Inachus, Cécrops &

Danaüs dans la Grèce, y apporterent les fables & les superstitions accréditées en Egypte ? Qui ne sçait qu'elle adopta le culte anciennement établi chez les Phéniciens, quand elle reçut Inachus & sa nombreuse colonie ? Mais avant l'arrivée de ces célèbres Voyageurs, comment fixer la religion des sauvages habitans de la Grèce, & quel culte peut-on supposer inventé par des hommes isolés, errants dans les forêts, & se fuyant les uns les autres. Tout ce que les Historiens nous ont appris à cet égard, c'est que le culte de Neptune établi depuis plusieurs siècles dans la Lybie, étoit passé dans la Grèce avec Inachus; celui de Jupiter & de Minerve avec Cécrops, qui l'y apporta des extrémités de l'Egypte; & celui de Cérès par Danaüs. Dureste, si nous trouvons dans les Ecrivains grecs quelques lumières propres à nous guider vers les motifs de l'établissement des divers cultes, c'est dans le grand secret qu'on révéloit, suivant les Epicuriens, à ceux que l'on initioit aux mistères de Cérès, & auxquels on apprenoit, après des préparatifs effrayans & des épreuves réitérées, que les Dieux adorés du vulgaire n'avoient été que des hommes, placés dans le ciel par l'orgueil, la terreur, la superstition & la politique des hommes.

C'est donc à des siécles antérieurs à la formation des peuples de la Grèce que je dois remonter, si je veux, découvrir la cause de la diversité des cultes anciennement établis; c'est à la source générale & trop longtems existante de toute erreur, de toute superstition que je dois recourir.

En effet, pour trouver l'humiliante cause de cette variété de cultes, que l'on se représente le trouble, la terreur & la désolation des individus échappés à la destruction générale des hommes, leur consternation, quand parcourant la terre, ils la virent déserte & couverte partout des ruines de la nature. Qu'on se forme une idée de la douleur profonde qui s'empara du cœur de ces spectateurs étonnés, de l'impression d'horreur que dut faire sur eux la vûe de ces débris du genre humain. Que l'on se représente ces foibles restes de l'humanité presque éteinte, se partageant l'immense solitude qu'ils ont à repeupler; se séparant les uns des autres, & portant partout avec eux l'effroi qui pénétre leur ame. Chaque objet les fait frissonner: ils s'arrêtent à chaque pas; le moindre événement ajoute à leurs allarmes; le moindre signe qui leur paroit nouveau dans le ciel, sur la terre, ou dans l'air, leur offre un présage sinistre, avant-coureur d'une nouvelle scène d'épouvante & d'horreur. Dans cette affreuse situation, qui se transmit des restaurateurs du monde à leur postérité, il est très-vraisemblable que les anciennes idées que l'on s'étoit formé de la bonté, de la tendresse & de la bienfaisance de l'Etre suprême, furent, sinon effacées, du moins fortement combattues par les images terribles que la crainte avoit tracées de la colère divine, de la vengeance celeste, de la destruction universelle des êtres créés.

Quelques-unes des nouvelles familles conserverent dans toute sa pureté l'ancien culte, & malgré les mouvemens de crainte dont elles étoient agitées, elles ne méconnurent ni la toute puissance, ni l'unité de Dieu. Mais le reste de la nouvelle race, trop égaré par la terreur pour s'en tenir à la simplicité du culte primitif, ajoûta à l'ingénuité des anciennes cérémonies toutes les superstitions que lui inspira la crainte : on sent jusqu'à quel point peuvent délirer des hommes égarés par la terreur. L'effrayante image de la terre submergée, du genre humain anéanti, d'un Dieu terrrible déployant tous les fléaux de sa colère ; la crainte du rénouvellement prochain d'une semblable révolution, l'incertitude de l'avenir, le desir de connoitre les décrèts du destin, & de se prémunir, s'il étoit possible, contre les funestes effets des vengeances célestes; quels motifs plus capables de suggérer à des hommes dont la raison est offusquée, les moyens, quelque absurdes qu'ils soient, qu'ils croiront les plus propres à calmer les allarmes dont ils sont

& les Superstitions.

pénétrés, & à fléchir la justice divine justement courroucée ! Stupides & grossiers, abbattus par l'effroi, ils croiront voir partout les signes de la colère de Dieu prête à éclatter sur eux ; & ils feront de ces signes autant d'objets de culte & de vénération ; ils chercheront & se formeront des mediateurs entre l'être suprême & les êtres créés ; ils déifieront tout ce qui les effrayera, comme aussi tout ce qu'ils croiront pouvoir les protéger.

Telles furent, sans doute, les erreurs & les folles idées des antiques fondateurs de l'idolâtrie. J'ai dit (chap. 3) qu'alors tous les hommes étoient en proye à la terreur, passion violente qui les tyrannisoit tous plus ou moins fortement, suivant le dégré de lumière, d'élévation d'esprit, de courage, de raison & de philosophie. Mais il étoit si général ce sentiment de crainte, que quand Jacob, le plus juste de ses contemporains, se sépara de Laban ; au moment de leur départ, l'un pour la Mésopotamie, l'autre pour le pays de Canaan, ils s'engagerent eux & leur descendans à vivre déformais en paix, & éleverent, en mémoire de l'alliance qu'ils venoient de contracter, un monceau de pieres ; espèce d'autel sur lequel Jacob jura *uniquement par la frayeur, ou par le Dieu de son pere Isaac*, qu'il rempliroit l'engagement où il venoit d'entrer (Génés. Vers. 53). Et si le le plus sage des hommes donnoit à l'Etre suprême dont il connoissoit les bontés, la douceur, la clémence, le nom de Dieu de la frayeur ; jusqu'à quel dégré de trouble & d'effervescence la crainte devoit-elle agir sur la plûpart des hommes, barbares, ignorans, sauvages, & presque tous errans ? Aussi est-ce dans l'intensité de cette passion que je crois voir l'origine de toutes les erreurs, qui depuis se sont répandues parmi les Nations. Aussi est-ce dans cette même passion que j'apperçois les divers cultes jadis institués, & dont les cérémonies & les superstitions me représentent sans cesse l'effroi de ceux qui les fonderent, & la frayeur des Nations qui se hâterent de les recevoir.

 Ici, le peuple prosterné devant une statue qu'il appelle le *Dieu tonnant*, lui parle, implore sa clémence, & la conjure de protéger la Nation, & de faire grace à la race criminelle des hommes. Là, près d'un templé où la frayeur rassemble chaque jour les aveugles Syriens, est un lac d'une vaste étendue, & au milieu duquel est construit un autel qui paroit flotter sur l'eau, & que la multitude regarde, en frémissant, comme le symbole de l'asile, où étoit renfermé le petit nombre d'hommes échappés au déluge universel, & qu'il prendra bientôt pour le trône sacré, où la divinité elle-même viendra s'asseoir, & rendre des oracles. Au côté septentrional du temple d'Hièropolis étoit une cour circulaire d'une immense circonférence, & entourée de Priapes, hauts de trois cens coudées. Deux fois par an, un homme s'élevoit jusqu'à la cime de quelqu'un de ces obscènes monumens, & y restoit durant sept jours & sept nuits : il y vivoit des alimens que le peuple apportoit au pied de la statue, & qu'il tiroit à lui au moyen d'une longue chaîne destinée à cet usage. Ceux qui apportoient leurs offrandes, disoient leur nom, qu'un homme avoit soin de répéter à celui qui étoit au haut de la statue : aussitôt celui-ci commençoit à prier, & à faire de grands cris, en frappant en même tems sur une espèce de cloche. Cette fête ridicule, qu'étoit-elle autre chose que la représentation du déluge ? Celui qui étoit au haut du Priape, signe de la fécondité de la terre, imitoit par son attitude, ses cris, & ses gestes de terreur, la pénible situation de ceux qui se garantirent de l'inondation générale, & qui intercèderent le ciel pour les hommes qui périssoient au-dessous d'eux. En un mot, il n'y avoit point de fêtes dans la Syrie, point de cérémonies religieuses qui n'eussent un rapport frappant avec l'ancien déluge ? Deux fois par an, le peuple se rendoit en foule sur le rivage de la mer : là, chacun remplissoit d'eau un vase, qu'on venoit repandre ensuite dans le temple, & qui s'écouloit par une ouverture pratiquée à l'entrée du sanctuaire ; ouverture que les crédules Syriens regardoient comme celle par où les eaux s'étoient écoulées lors du déluge de Deucalion.

A Byblus, en Phénicie, Thammuz où Adonis étoit honnoré d'un culte bizarre, impie, sacrilège ; mais qui dans son institution, & quand le crime & la licence n'en avoient pas encore corrompu la grossière mais simple superstition, n'étoit également que la représentation de la dépopulation universelle de la terre. Une fois tous les ans, des Prêtres annonçoient d'un air triste & d'un ton lugubre, le malheur & la mort d'Adonis. Au même instant toutes les femmes commençoient à gémir, parcouroient en désordre les villes & les champs, faisoient retentir tous les lieux où elles portoient leurs pas, des cris de leur douleur, se meurtrissoient le sein, & paroissoient désolées. Le lendemain le peuple consterné s'assembloit en silence, & tandis que les Prêtres sacrifioient aux mânes de Thammuz, les assistans se déchiroient à coups de fouet. Vingt & quatre heures après cette cérémonie, les mêmes Prêtres qui avoient annoncé la mort d'Adonis, se couronnoient de fleurs, & crioient dans les places publiques, qu'ils l'avoient vû revenir à la lumiere, & monter vers le ciel. A-peine ils avoient publié ce grand événement, que les Phéniciennes

niciennes accouroient de toutes parts, danſoient, chantoient & ſe livroient aux tranſports de la plus vive joie : elles alloient offrir au temple de Vénus-Adonis leur chevelure; & celles qui ne pouvoient conſentir à ſe raſer la tête, c'eſt-à-dire, toutes les jeunes & belles Phéniciennes étoient obligées de ſe proſtituer, devant le temple, pendant un jour entier, à tous les étrangers qui vouloient jouir d'elles pour de l'argent, & de porter aux pieds de la Déeſſe le prix qu'elles retiroient de leur proſtitution. Pendant la derniere nuit de cette ſolemnité, les femmes, dit Ammien Marcellin, plaçoient dans leur lit une ſtatue groſſièrement ſculptée, qu'elles baignoient de leurs larmes, & qu'elles ne ceſſoient de preſſer dans leurs bras, juſqu'à ce que le Prêtre d'Adonis, arrivant quelques momens avant l'aurore, & oignant la bouche de ces femmes déſolées, leur diſoit à l'oreille que le ſalut étoit venu, & que la délivrance étoit enfin arrivée. Dès lors les femmes ceſſoient de répandre des pleurs, & paſſant de la plus profonde triſteſſe à l'excès de la licence, elles ſe préparoient à célébrer par la plus infâme débauche le retour d'Adonis.

A travers la groſſièreté révoltante de ce culte, il n'eſt pas difficile d'appercevoir le vrai motif de ſon inſtitution; il eſt aiſé de voir l'image de la triſteſſe univerſelle des hommes, dans cette désolation publique & générale des habitans de Biblus, & le souvenir de la joye à laquelle cette nation ignorante croyoit qu'on s'étoit livré, quand après le déluge de Deucalion on avoit vû les eaux se retirer de dessus la terre, & la nature reprendre son premier éclat & sa fécondité.

Le culte des Babyloniens exprimoit encore d'une manière plus frappante la terreur qui s'étoit emparée de ses instituteurs. Ce culte fut, à la vérité, surchargé dans la suite de tant de superstitions, qu'il n'étoit guères plus possible d'en démêler l'esprit : mais toujours les Babyloniens eurent soin de construire leurs temples sur les lieux les plus élevés, sur la cime des plus hautes montagnes, en mémoire du désastre que les habitans des plaines & des vallées avoient essuyé.

La crainte d'éprouver une pareille calamité, & le desir d'appaiser le ciel irrité leur avoit inspiré de chercher des médiateurs entre les dieux & les hommes ; & les intercesseurs qu'ils jugerent les plus dignes d'offrir avec succès leurs prières aux immortels, furent les astres & les étoiles. Considérant d'un côté, disent Hottinger & Hyde, l'élévation immense de l'Etre suprême & le poids accablant de sa colère ; & d'un autre côté, persuadés que l'homme est trop foible, trop méprisable & trop souillé de crimes, pour qu'il puisse subsister aucune relation directe entre

Dieu & la terre, ils crurent qu'il devoit y avoir néceffairement des médiateurs entre ces deux êtres fi diffemblables, l'un infini & éternel, l'autre imparfait & périffable. Ils fuppoferent donc, continue Hottinger, qu'ils ne pouvoient s'adreffer à Dieu immédiatement ; mais feulement par le moyen du foleil, de la lune & des étoiles, qu'ils regarderent comme des intelligences entre Dieu & les hommes, & comme des divinités médiatrices, dont l'unique fonction étoit de rapporter au grand être les vœux & les prières de la terre. Il n'étoit pas poffible d'exprimer le délire de la terreur par un fiftême plus complettement abfurde.

Les Phrygiens, malgré leur penchant effréné pour la fuperftition, conferverent dans leur doctrine le fouvenir de l'origine du culte qui avoit été fondé chez eux, à l'honneur de *Berecinthie*, *Dindymene*, ou *Cybèle*. Suivant leur tradition rapportée par Arnob (*contr. Gent.* Liv. 8.) il y avoit fur les confins de la Phrygie un rocher haut & fort efcarpé, qu'on appelloit *Agdus*, à la cime duquel Deucalion & Pyrrha ramafferent, par le confeil de Thémis, les pierres dont ils fe fervirent pour réparer la deftruction du genre humain. *Cybèle*, ou la mere des dieux nâquit de la première de ces pierres lancées : & le rocher lui-même fut dans la fuite rendu *enceint* par Jupiter, qui le féconda d'un coup de foudre : *Aedeſtis*, qui étoit hermaphrodite, fut le fruit de ce commerce, &c.

La théologie des Mages étoit beaucoup moins biſarre, quoiqu'elle fut auſſi très-ſuperſtitieuſe, & qu'elle rappellât ſans ceſſe le ſouvenir de la ſubmerſion de la terre. Trop bornés pour concevoir l'origine du mal, ſi directement oppoſé aux vues & aux opérations de l'éternel auteur du bien, les Mages admirent deux principes ennemis, & luttant ſans ceſſe l'un contre l'autre. *Oromaze* étoit, ſuivant eux, le bon principe, & *Arimane* le mauvais. *Oromaze* avoit produit la bienveillance, la vérité, la juſtice, la ſageſſe, les richeſſes, le plaiſir pur, ou celui qui accompagne les bonnes actions ; & *Arimane* avoit créé les vices & les maux oppoſés aux créations de ſon rival. Alors, diſoient les Mages, *Oromaze* devint trois fois plus grand, paſſa du ſoleil à la terre, créa les aſtres, les étoiles, les attacha au firmament, & en établit une, la Caniculaire, au-deſſus de toutes les autres : enſuite il fit vingt-quatre dieux qu'il renferma dans un même œuf. *Arimane* fit tout autant de dieux, qui gratterent tant l'œuf d'*Oromaze*, qu'ils le rompirent, & depuis, les maux & les biens ſont mêlés : mais il viendra un tems de famine & de peſte, tems prédit par *Oromaze*, & où tout ſera détruit & exterminé ſur la terre, juſqu'à ce qu'un nouvel ordre de création baniſſe & anéantisse pour jamais *Arimane* & ses vingt-quatre mauvais génies.

Dieu ayant créé l'Univers, les astres, la terre & les hommes, disoient les anciens Bracmanes; la seconde ou troisième génération devint si méhante, que l'Etre suprême indigné la détruisit entièrement, & créa *Bremaw*, *Vystney*, & *Ruddery*, auxquels il donna différentes vertus; au premier, le pouvoir de produire des hommes & des animaux; au second, celui de les conserver, & au troisième, celui de les détruire. D'où les Bracmanes concluoient, comme ils en inférent encore, qu'on ne sçauroit honorer d'un culte trop auguste & trop respectueux l'être suprême, & son enfant *Bremaw*, ni avoir trop de frayeur du funeste *Ruddery*.

Cette impression de terreur, source des cultes & des superstitions, est si universelle, qu'on la retrouve en tous lieux, & chez les peuples les plus ingénieux, comme chez les plus sauvages. Les Chinois croyent que le monde a été créé, & qu'il cessera d'être; & ils partagent la période de cette création jusqu'à la destruction future, en douze heures ou tems, chacun de dix mille huit cens ans. A minuit, disent-ils, (voy. Kircher) les cieux furent faits, la terre à une heure, l'homme à deux, l'Empereur Ya, à six; nous sommes à la septième heure; à la neuvième il y aura une effroyable confusion de toutes choses, de grandes guerres, des dissentions parmi les hommes, des séditions dans les Royaumes ; enfin des calamités universelles, jusqu'à ce que tout ce qui existe s'anéantisse de nouveau dans le chaos.

Il n'étoit guères possible que des Nations chez lesquelles la véritable tradition des événemens, de la création & du déluge universel s'étoit perdue ; il n'étoit guères possible, dis-je, que ces Nations effrayées par les récits altérés des désastres passés, eussent une doctrine pure ; qu'elles instituassent un culte simple, des cérémonies graves sans barbarie, décentes sans superstition : il étoit bien plus naturel que les peuples effrayés ne consultassent dans le trouble dont ils étoient saisis, que leur crainte & le desir de se mettre à l'abri des fléaux qui avoient exterminé leurs peres. La crainte rend farouche par excés de prudence ; & les sacrifices sanglans furent la première des précautions que les anciens crurent devoir prendre, pour se rendre les dieux favorables.

CHAPITRE VII.

Des sacrifices & des victimes humaines.

IL avoit entièrement éteint en lui le flambeau de la raison, celui qui le premier se forma de l'être suprême une idée assez fausse pour croire que le sang des bêtes étoit propre à réconcilier la divinité offensée avec l'homme coupable. De quels maux, de quelle énorme quantité d'erreurs & de superstitions cette opinion absurde n'a-t'elle pas été la source! Prêtres cruels, celui qui osa publier ce dogme sanguinaire, arma vos sacriléges mains d'un poignard homicide, qui bientôt aiguisé par votre fanatisme, fit à l'humanité de si profondes playes. Comment est-il possible que la superstition ait égaré la raison au point de lui persuader qu'un tel culte est digne de Dieu, le seul qui peut lui plaire, & désarmer la vengeance céleste? Dans quels égaremens, dans quelle barbarie la crainte peut précipiter des ames foibles & timides, des esprits effrayés! Eh quelle autre passion que la terreur eut inspiré aux peuples l'institution des sacrifices? Quelle autre passion que l'orgueil en eut accrédité la farouche coutume.

Qu'ai-je besoin de chercher dans les fastes

de l'histoire l'origine des sacrifices, quand j'apperçois distinctement ailleurs les causes de ce funeste établissement ? En effet, si je suppose les hommes une fois remplis de l'idée d'un Dieu terrible, destructeur, & qui ne s'appaise qu'à force de meurtres, de carnage; sensible à la pompe des fêtes, altéré du sang des victimes, & écoutant avec plaisir leurs cris & leurs gémissemens : dèslors je vois les sacrifices, insensés dans les premiers tems, criminels dans la suite, s'établir parmi les hommes, & ce culte barbare passer de contrée en contrée, & couvrir de ses horreurs la face de la terre. Voyons par quelles gradations cette abominable erreur est jadis parvenue au dernier période de l'inhumanité.

La simplicité du culte primitif une fois corrompue, la pureté de la religion ne tarda point (*) à s'altérer. Les hommes se formerent des dieux tels que pouvoient les leur représenter le souvenir des desastres passés & la crainte des maux à venir ; ils se les représenterent méchans, cruels, impitoyables; en un mot, semblables à eux-mêmes ; car la vanité humaine a aimé dans tous les tems à déifier ses délires. Il étoit donc bien naturel que le culte que les hommes instituèrent

---

(*) Voy. le Chap. 3 des *deux, causes génér.*, *univ.* pag. 33 & suiv.

à l'honneur des nouvelles divinités, fut également l'ouvrage de ces deux mêmes passions qui avoient créé les dieux. Mais malgré les erreurs de la crainte & les éblouissemens de l'orgueil, l'antique & respectable idée de la providence ne se perdit pas entièrement ; elle subsista toujours, quoiqu'offusquée par le nuage épais des superstitions. L'ignorance & la terreur des peuples multiplièrent les idoles, & cependant on continua à croire que les dieux, quelque injustes & dépravés qu'ils fussent, veilloient incessamment sur les actions des hommes, s'irritoient de leurs crimes, & étoient toujours prêts à venger leur divinité offensée. Afin de prévenir & se mettre à l'abri des éclats de la colère de ces dieux si prompts à s'indigner, & si cruels dans leurs vengeances, on inventa des cérémonies religieuses, des formules d'imprécations, de prières, de conjurations, d'expiations, que l'impunité des coupables fit regarder bientôt comme les moyens les plus efficaces & les plus propres à désarmer les dieux. Ainsi cette première superstition devint un des points les plus sacrés de la théologie payenne. Personne n'eut osé, surtout devant les Prêtres intéressés à accréditer le préjugé, personne, dis-je, n'eut osé nier que les formules de certaines prières & les expiations remettoient les offenses, quelque graves qu'elles eussent été. Si quelqu'un, dit Homère, s'est rendu coupable des crimes les plus noirs, qu'il sçache que les dieux se laissent fléchir par les prières, & qu'ils ne résistent pas au spectacle du sang des victimes immolées.

Mais ce qui n'avoit été dans l'origine que le signe du repentir des fautes commises & l'aveu de la crainte des châtimens mérités, devint bientôt un moyen général, & toujours infaillible, de se rendre propices ces mêmes dieux qu'on n'avoit pas même songé à offenser ; & les sacrifices eurent lieu dans toutes les grandes occasions & presque dans toutes les circonstances de la vie, non-seulement quand on s'étoit rendu coupable de quelque grand crime, mais aussi toutes les fois que la superstition présentoit à l'imagination effrayée des présages sinistres.

Dans les premiers tems, l'expiation étoit tout aussi simple que ceux qui l'avoient introduite. Elle consistoit à se laver dans l'eau courante ; parceque l'on croyoit que l'onde fugitive avoit reçu des dieux la vertu de laver les homicides du sang de l'innocence, dont ils s'étoient souillés, comme l'observe Ovide :

Ah nimium felices qui tristia crimina cædis,
Fluminea tolli posse putatis aquâ !

Ensuite, quand on eut ajouté de nouvelles erreurs aux anciens préjugés, le culte des dieux devint plus mistérieux, les expiations plus pénibles, & compliquées en proportion du dégré de terreur que la superstition avoit jetté dans les esprits. Ainsi, lorsque Jason fuyant avec Médée, eut lâchement assassiné le jeune Absyrte, frere de cette Princesse, il se hâta de couper les extrémités du cadavre, & de sucer à trois différentes reprises, le sang qui en sortoit. Alors on prétendoit expier l'homicide par cette folle & dégoûtante cérémonie : mais cette première expiation n'étoit que préparatoire; ce n'étoit en quelque sorte qu'un engagement qu'on contractoit avec les dieux, qu'une promesse de s'acquitter d'un devoir plus pénible & plus solemnel, à l'instant qu'on auroit la liberté de le remplir. Aussi l'Auteur du poëme des *Argonautes* nous apprend-il (Liv. 4) que Jason toujours accompagné de Médée, se rendit dans l'Isle d'Œa, auprès de l'enchanteresse Circé, qui se chargeant de l'expiation, fit apporter, suivant l'usage, un cochon de lait, l'égorgea, & frotta de son sang les mains de Jason & celles de Médée : ensuite elle ordonna aux deux coupables de faire des libations à l'honneur de Jupiter expiateur : enfin après avoir jetté hors de l'enceinte du lieu du sacrifice les restes de la victime immolée, Circé brûla sur l'autel des gateaux qu'elle avoit paitris de farine, de sel & d'eau, accompagnant chaque partie de cette opération de prières propres à desarmer le courroux des furies.

Mais comment l'absurdité de cet usage, les oblations des fruits, de l'encens, & les sacrifices des animaux, introduisirent-ils la farouche coutume d'immoler des victimes humaines sur les autels des dieux ? Cette question ne me paroit nullement difficile à décider, pour si peu que je fasse attention à l'extrême folie, aux inconséquences & à la bisarrerie outrée de l'esprit humain, lorsqu'entraîné par la terreur, conseillé par l'orgueil, il n'a plus ni la force ni la liberté de suivre la lumière de la raison.

L'antiquité, dans la confusion où l'avoient plongée l'égarement & la crédulité, pensa honorer les dieux en les rendant égaux aux hommes, en leur attribuant les inclinations bonnes ou dépravées, les vertus, les facultés humaines, en les assujettissant aux passions, aux caprices, aux inconséquences qui caractérisent les hommes, & en leur supposant des désirs & des besoins, tels qu'on en ressent sur la terre. Cette idée, plus vaine & plus impie sans doute qu'elle n'est religieuse & modeste, inspira naturellement d'offrir aux Dieux le sang & les chairs des animaux, du pain, des fruits, des liqueurs, en un mot, de tous les alimens dont les peuples usoient. Ce ne fut pas encore assez, & la superstition une fois en effervescence, ne s'arrêta point à ces premiers délires : on crut devoir encore honorer les divinités par les danses, que l'on jugeoit les plus propres à les rejouir. Il fallut donner au peuple une idée diſtinƈte de ces êtres céleſtes, & on les préſenta à la multitude, tantôt ſous la forme humaine, & tantôt ſous celle des animaux les plus pernicieux & les plus redoutés : on renferma ces groſſières images dans des édifices où la multitude ne manqua pas de croire que réſidoit la majeſté des dieux, qui y étoient repréſentés, & où elle s'empreſſa d'aller les implorer, & les flatter par l'odeur de l'encens, par les ſons de l'harmonie, par l'appareil des ſacrifices.

Des Nations accoutumées à regarder les dieux comme des hommes, & à confondre leurs vertus & leurs vices avec les vices & les vertus terreſtres, ſont facilement diſpoſées à ſuppoſer ces êtres ſupérieurs agités des mêmes paſſions, & conduits par les mêmes motifs qui font agir l'eſpèce humaine. Et comme l'homme, quand il eſt irrité, ne reſpire que la vengeance, & ne s'appaiſe que par la ruine, les ſupplices & la mort de celui qui l'a offenſé ; on crut également que les Dieux ne pouvoient s'appaiſer que par le ſang des hommes qui les avoient outragés, ou du moins par le ſacrifice des victimes humaines, que l'on chargeoit des crimes des Nations entières. Ce parallèle ſacrilège des hommes avec les dieux, pouvoit-il ne pas précipiter la race humaine dans les plus funeſtes erreurs ? En effet, comme dans l'ordre établi dans toute société, l'homicide devoit payer de son sang le meurtre qu'il avoit commis, & satisfaire par sa mort, aux loix de la justice; de même on se persuada que la justice divine ne pouvoit être satisfaite que par l'effusion solemnelle du sang de ceux qui l'avoient outragée; & parceque dans ce tems d'ignorance, il fut reçu chez la plûpart des peuples qu'un représentant de l'homicide subiroit le châtiment dû au crime de ce dernier, qui par cette voie absurde, seroit pour jamais à l'abri de toute espèce d'épouvante; les hommes en agirent ainsi envers l'être suprême, & s'abuserent au point de concevoir qu'ils pourroient désormais, en plaçant l'innocence sous le couteau des Prêtres, expier les crimes publics & privés, sans même qu'il fut nécessaire de se repentir, ni de se corriger. Ce dogme affreux les encouragea à suivre, sans reserve, le torrent de leurs inclinations perverses. Eh! comment ne s'y seroient-ils pas abandonnés, persuadés comme ils l'étoient, que les dieux seroient satisfaits, pourvû que leurs autels fussent baignés du sang des victimes humaines; de même que le pere, dont le fils avoit été assassiné, étoit contraint d'étouffer son ressentiment, quand l'assassin lui avoit payé le prix de la composition fixée par la loi, ou de même que dans un crime plus atroce, & qui intèressoit le public, le criminel avoit trouvé un représentant qui avoit subi à sa place la peine imposée par la loi au véritable auteur du crime.

Ce fut vraisemblablement cette barbare administration de la justice, jointe à l'idée que l'on s'étoit formée des dieux, qui donna lieu aux sacrifices des victimes humaines : & ce qui me le prouve, c'est que je vois ces affreux sacrifices établis chez tous les peuples qui avoient adopté cette représentation insensée, & cette composition pour crime, plus insensée encore. Or, ces deux institutions se perdent, ainsi que l'origine des sacrifices, dans l'obscurité des tems : j'en trouve des vestiges dans les cérémonies religieuses des Phéniciens, des Egyptiens & des Nations les plus anciennes ; par-tout je vois qu'on étoit dans l'usage d'immoler des hommes à l'honneur des dieux, & que partout aussi on regardoit comme sacrée cette folle opinion, que le châtiment, de même qu'une dette, pouvoit se transférer d'une personne à une autre, d'un peuple entier, à quelque malheureux. Impitoyable Achile, dit Ajax, au fils de Thétis, (*Iliad.* liv. 9). un frere reçoit la satisfaction de l'assassin de son frere, un pere, celle du meurtrier de son fils. Ces homicides vivent ensuite paisiblement dans leur patrie, après avoir payé le prix du sang qu'ils ont versé ; leurs accusateurs même sont contraints d'étouffer la voix de leur ressentiment ; mais pour vous, ô Achille, &c. Dans une des parties du bouclier d'Achille, dit encore Homère, (*Iliad.* liv. 8), „ on voit au milieu d'une grande assemblée du peuple, deux citoyens qui plaident pour l'amende dûe au sujet d'un homme qui a été tué : le meurtrier soutient qu'il a payé l'amende, & le parent du mort soutient qu'il ne l'a point reçue". Alors donc la composition pour crime étoit admise, & chez les Grecs & chez d'autres nations ; alors aussi on sacrifioit aux dieux des hommes innocens, pour expier les crimes des coupables. *Que t'offrirai-je, ô Dieu, qui soit digne de toi*, s'écrie un saint Prophète, (Michée, chap 6), *te sacrifierai-je mon fils ainé, pour expier mon crime, & pour expier mon péché quelque autre de mes enfans, &c.* ? Que conclure de ces autorités, si ce n'est que long-tems avant la ruine de Troye, & que lors du Prophête Michée, ces détestables sacrifices faisoient chez la plûpart des peuples de la terre une partie essentielle de la religion ?

Les Nations les plus civilisées n'ont eu, à cet égard, aucune sorte d'avantage sur les Nations sauvages ; parceque la terreur égare au même dégré les peuples éclairés, & ceux qui sont encore ensevelis dans la nuit de l'ignorance.

Si je parcours les annales du monde, je rencontre partout les mêmes institutions, & partout je vois la terreur inspirer les mêmes idées, pousser aux mêmes excès les Phéniciens, les Egyptiens

Egyptiens, les Arabes, les antiques Chananéiens, les Tyriens, les Athéniens, les Spartiates, les Gaulois; en un mot, tous les peuples de la terre, guerriers ou pacifiques, courageux ou efféminés, doux ou barbares, ont été dans l'usage d'immoler des victimes humaines sur les autels des dieux.

D'où viendroit cette uniformité de culte & de superstition, si cet affreux préjugé pouvoit être rapporté à différentes causes, & s'il n'avoit été produit par la même passion, comme je crois l'avoir prouvé? Quelques-uns ont attribué cette féroce institution au sacrifice d'Isaac, sans songer qu'avant le Patriarche Abraham le sang humain inondoit les autels. Toutefois, Sanchoniaton qui n'a pû remonter à des tems antérieurs au siècle d'Abraham, qu'il a confondu, comme le reste des Egyptiens, avec le vieux Saturne, dit, au rapport d'Eusebe dans sa *Préparation évangélique*, que Saturne surnommé Israel par les Phéniciens, fut mis au rang des dieux, & adoré sous la forme de l'astre qui porte son nom. Dans le tems, ajoute Sanchoniaton, que Saturne régnoit en Phénicie, il eut de la Nimphe Anobret un fils, qu'il aima tendrement, & qu'il nomma Jeud. Des calamités publiques & de puissans ennemis qui menaçoient d'envahir ses états, inspirent à Saturne de parer son fils unique des ornemens royaux, & de l'égorger sur l'autel. On découvre à tra-

Tome I. G

vers cette fable de Sanchoniaton, le fond de l'histoire du sacrifice d'Abraham ; mais on y découvre plus facilement encore l'usage où l'on étoit depuis longtems en Phénicie, d'immoler des victimes humaines, soit pour fléchir les dieux, soit pour détourner les dangers dont on se croyoit menacé.

Cette coutume atroce qui confond aujourd'hui la raison, qui fait frémir l'humanité, étoit jadis universelle : il n'a point existé de peuple qui ne l'ait adoptée; il en existe encore qui la conservent religieusement au Japon & sur les rives du Gange. Qui ne sçait jusqu'à quel dégré de fureur l'ancienne Egypte, la Grèce, la Scythie & Rome elle-même ont jadis respecté cette affreuse institution ? Numa, Pompilius défendit vainement l'usage des victimes humaines : dans la suite, Rome effrayée des succès d'Annibal, crut, après la défaite de Cannes, que le moyen le plus sur de sauver la republique de sa ruine entière, étoit d'immoler à l'honneur des dieux irrités, deux Grecs & deux Gaulois, qui furent solemnellement, dit Tite Live (l. XXII,) enterrés vivans dans le lieu consacré à ces sortes de sacrifices. Sans doute les Romains crurent alors fléchir les dieux, en imitant l'affreuse piété de leurs vainqueurs : car on sçait que les Carthaginois avoient été de tous les tems dans le barbare usage de sacrifier des hommes à Saturne & à Mars. Diodore de Sicile (liv. 20 chap. 1) raconte que quand A-gathocle, tyran de Syracuse, eut assiégé Carthage, les habitans de cette ville ne doutant point que ce ne fussent les dieux qui leur envoyoient les maux dont ils se sentoient accablés; se livrerent à tous les excès & à toutes les horreurs de la superstition. Ce fut alors, ajoute cet historien, qu'ils fonderent à perpétuité les sacrifices annuels des enfans des Maisons les plus illustres de la république. Dans la suite, soit afin d'épargner le sang le plus auguste de l'Etat, soit que les enfans nobles ne pussent suffire au nombre de victimes qu'il falloit immoler, les Carthaginois acheterent & éléverent secrétement des enfans, qu'ils immoloient successivement sur l'autel de Saturne. Pressés par les Romains & prêts à succomber, ils offrirent un sacrifice, au nom de la nation entière, de deux cens enfans de la noblesse, afin, dit toujours Diodore, d'expier sans délai les crimes dont ils se croyoient coupables, & de fléchir le courroux de Saturne.

La terreur avoit depuis plusieurs siécles enraciné trop fortement cette cruelle institution chez toutes les nations, pour supposer qu'elles l'eussent puisée chez les Carthaginois. Avant Enée, qui pour se rendre Bellonne favorable, dit Virgile (*Eneid*. L. X. V. 517) sacrifia sur ses autels une troupe choisie de jeunes gens qu'il immola lui même;

avant l'usage impie où étoient les Spartiates de déchirer, souvent jusqu'à ce qu'ils expirassent, leurs enfans à coups de verges, devant l'image de Diane ; on sçait que les Babyloniens, nation dévouée aux erreurs les plus grossières, & qui a infecté la terre de l'absurdité de ses dogmes, & de ses préjugés, ont repandu aussi la sanglante coutume d'immoler des victimes humaines, ou pour appaiser les Dieux, ou pour se concilier leur faveur. Sans recourir avec Sanchoniaton, au sacrifice très-respectable en lui même, du fils unique d'Abraham, ni au vœu parricide de Jephté, tous les Historiens qui ont parlé de cette nation, ne nous disent-ils pas que cette superstition avoit toujours été très-respectée chez les Babyloniens, surtout dans la Mésopotamie. Les victimes, raconte l'un de ces Ecrivains, furent si fort multipliées, les hecatombes humaines si souvent rèiterées, les prêtres ordonnoient si fréquemment & avec tant d'insolence ces funestes cérémonies, que le peuple revolté renonça, dans son indignation, à cet infernal usage. Cependant une secte ou tribu, plus superstitieuse que les autres, continua d'honnorer l'être suprême par l'effusion du sang humain : Les sanguinaires Sépharvites devouoient leurs enfans, les lioient de fatales bandelétes, & les jettoient eux mêmes dans le bucher sacré, en invoquant, à haute voix, le formidable

& les Superstitions.

nom d'*Adrammelech* & celui d'*Anammelech*. Telle étoit aussi à Hyèropolis le culte établi à l'honneur de la Déesse Assyrienne. Là, d'un œil pieusement farouche, les peres précipitoient eux mêmes du haut d'une roche escarpée, leurs enfans sur le parvis du temple.

Il seroit inutile de rechercher ici quel a été le Peuple qui a donné au reste des nations le premier exemple de pareils sacrifices : il me suffit d'avoir decouvert que la terreur a introduit l'usage de ces horribles fêtes ; il me suffit d'avoir prouvé l'universalité de cette superstition. Qu'importe de sçavoir dans quel coin de la terre cette erreur a pris naissance, si dans les tems les plus reculés je la vois accreditée chez les Phéniciens ; si de la Phénicie je la vois passer dans la Gréce, & de là en Italie, où elle a conservé toute son atrocité pendant une longue suite des siécles : elle règnoit à Rome si impérieusement cette superstition, dit Tertullien dans son *Apol*, que Tibère fit inutilement périr sous le fer des bourreaux une foule de Prêtres dont l'unique fonction avoit été d'égorger des victimes humaines, & de lire l'avenir dans leurs entrailles palpitantes. Mais la juste rigueur de Tibère ne fit qu'accroitre les flots de sang que ces barbares sacrificateurs avoient jusqu'à lors fait couler ; Saturne continua d'être honoré du même culte,

& ses autels d'être accablés du poids des malheureux sacrifiés, en Afrique surtout où ses temples ne cessèrent d'être arrosés du sang des victimes humaines.

Nos peres étoient à cet égard aussi superstitieux & plus cruels encore que les Phéniciens, les Grecs & les Romains. L'un des points les plus respectés de la religion des Druides étoit que le ciel ne pouvoit être imploré efficacement qu'après le sacrifice solemnel d'un certain nombre d'hommes. Il est vrai que les criminels, les assassins, les malfaiteurs étoient communement livrés aux féroces Druides pour en être égorgés : mais il est vrai aussi que ces barbares Prêtres ordonnoient tant de sacrifices, que le nombre de malfaiteurs n'égaloit pas la quantité prodigieuse de victimes qu'exigeoient les dieux des Druides ; & alors les innocens étoient sacrifiés dans les fêtes publiques, outre la troupe forcènée de ceux qui poussés par le fanatisme se devouoient eux mêmes à ce genre de mort.

Elle n'est plus, elle est totalement éteinte en Europe, cette horrible superstition, elle s'est retirée aux extrêmités de l'Inde, dans le Japon & sur les bords du Gange, où elle exerce ses fureurs & ses crimes. Puisse-t'elle ne jamais reparoitre dans nos climats, & ne plus se rejoindre à la masse des erreurs populaires, qui, comme elle, sont toutes sorties d'une source commune, de la terreur des maux passés, de la crainte des désastres futurs & de l'orgueilleuse espérance de changer les décrêts immuables du sort, & de régler par de vaines cérémonies les loix de la nature & les ordres du ciel.

CHAPITRE VIII.

Des Oracles & des Préſages.

COmme l'inſtitution du culte à précédé celle des ſacrifices, il eſt tout naturel auſſi que l'origine des oracles ſoit beaucoup moins ancienne que l'établiſſement de l'uſage des victimes humaines. La même paſſion, a cependant produit ces trois antiques coutumes, qui prouvent toutes trois également l'empire de la terreur ſur la raiſon, la puiſſance de la ſuperſtition ſur l'eſprit abbatu par la crainte, la foibleſſe & le délire de l'imagination, égarée par la folle ambition de connoitre l'avenir & de ſe prémunir contre les décrets du deſtin.

Ce n'étoit point aſſés que les hommes, afin d'appaiſer l'être ſuprême, qu'ils croyoient toujours prêt à les anéantir, euſſent imaginé de bizarres céremonies, des danſes religieuſes, des formules abſurdes d'imprécations & de vœux. Ce n'étoit point aſſez que ſe rendant eux mêmes les miniſtres des vengeances du ciel, qu'ils avoient irrité, ils ſe fuſſent impoſé la déteſtable loi de s'égorger les uns les autres ſur les autels ; enfin, ce n'étoit point aſſez que pénétrés de leur propre insuffisance, de leur extrême bassesse, de leur profonde misère, & de l'immensité de dieu, de son élevation & de sa majesté, ils eussent cherché des médiateurs entre l'espéce humaine & l'Auteur de l'univers ; ils furent peu contens d'avoir placé, dans les transports de leur reconnoissance, ces êtres intermédiaires, ces médiateurs chimériques au rang même de dieu, d'avoir affoibli par le plus criminel des attentats, la puissance suprême, & de l'avoir divisée entre le Dieu unique éternel, infini, & une foule méprisable de divinités subalternes. Envain le polithéisme étendoit-il sur la terre son ignorance, ses fureurs & ses égaremens ; envain la folie humaine enfantoit-elle chaque jour de nouveaux cultes ; les temples retentissoient de chants tumultueux, le sang des victimes immolées couloit sur les autels ; mais aucun des dieux qu'on imploroit ne repondoit aux prières qui lui étoient adressées, & la multitude prosternée ignoroit si ses vœux étoient acceptés, ou si le ciel repoussoit ses hommages. Ainsi, malgré la multiplicité des cérémonies, l'appareil des sacrifices, la pompe des fêtes & la ferveur des prières, la crainte conserva toute sa vivacité ; ou du moins la cruelle incertitude, sans laquelle la crainte ne seroit qu'une impression légère, un sentiment passager, continua de tourmenter les hommes. Le ciel étoit-il satisfait de leur zèle ?

Leurs crimes étoient-ils effacés ? Les malheurs qu'ils craignoient étoient-ils inévitables, ou le Dieu qu'ils avoient invoqué les avoit-il détournés de dessus leurs têtes ? Ils l'ignoroient; l'avenir, quelques efforts qu'ils fissent, restoit pour eux couvert des ombres du mistère. Impatiens de connoitre les secrèts des destinées, & hors d'état par leurs propres lumières d'en percer la sombre nuit, les hommes toujours tirannisés par la curiosité, flotoient entre le calme momentané de l'espérance, & la consternation sans cesse renaissante de la terreur.

L'imposteur le plus grossier qui dans ces tems d'ignorance eut supposé quelque commerce entre les dieux & lui, eut facilement obtenu la confiance publique, & peut-être lui-même eut été regardé comme un dieu ; mais trop peu éclairés, trop maladroits, trop timides encore pour se séduire & se tromper mutuellement, les hommes désiroient de lire dans l'avenir, & ne soupçonnoient pas qu'il existât quelque moyen de parvenir à cette connoissance. Le hasard ouvrit à l'imposture & à la superstition une route nouvelle, une carrière jusqu'alors inconnue.

Dans les vallées du Parnasse, dit Diodore de Sicile, il y avoit une espèce de cavité, dont l'ouverture étoit étroite, & à laquelle personne n'avoit fait attention. Des chèvres qui paissoient aux environs, s'en approcherent, & plongerent la tête dans ce trou : auſſitôt elles ſe mirent à bondir extraordinairement, à courir avec rapidité, & à pouſſer des cris perçans. Le Pâtre de ce troupeau fort étonné de ce prodige, alla lui-même vers cette cavité, & mit la tête à l'entrée de cette excavation, afin de voir ſi elle étoit profonde, ou ſi elle recèloit quelque animal dont la vue effrayante eut pû produire ſur ſes chèvres cette eſpèce d'yvreſſe. Mais il fut ſaiſi lui-même des mêmes mouvemens, il ſe ſentit rempli d'une eſpèce d'enthouſiaſme, il eut un violent délire, pendant lequel mille objets ſurprènans ſe préſenterent à ſon imagination fortement échauffée ; il ſe crut ravi dans les cieux, & entendre le deſtin lui révéler ſes ſecrets ; il parloit de l'avènir comme s'il étoit préſent, & prédiſoit, ou du moins croyoit prédire les révolutions futures. Les payſans du voiſinage, témoins de ces tranſports, ne manquerent pas de croire qu'il y avoit quelque choſe de divin dans la fureur & les diſcours de cet homme, & accourant de toutes parts, ils voulurent éprouver eux-mêmes la vertu prophètique de cette cavité ; mais à mèſure qu'ils s'en approchoient, ils devenoient enthouſiaſtes, entroient en fureur, & étoient agités par un violent délire. Ce phénomène incompréhenſible alors, leur parut ſurnaturel, & perſonne ne connoiſſant ni le danger des méphitis, ni les effets souvent très-funestes que causent les exhalaisons de la terre corrompue par des eaux sulphureuses, on crut que quelque dieu s'étoit caché dans le fond de cet abîme, & qu'il révèloit l'avènir à tous ceux qui s'approchoient de l'ouverture de son antre.

Les Prêtres tirerent grand parti de cette folle idée, & persuadant au peuple que c'étoit du fond de cette cavité que les dieux & le sort répondoient aux mortels qui les interrogeoient, on se hâta de construire un magnifique temple sur ce lieu même : ce temple fut celui de Delphes, qui acquit dans la suite une si grande célébrité par les oracles qui s'y rendoient, & par la superstition universelle des peuples qui y venoient de toutes parts consulter la divinité.

Les étranges effets du méphitis de Delphes, l'enthousiasme & la fureur qu'il inspiroit fut le modèle des transports factices, de la fureur convulsive & de l'enthousiasme, qui partout ailleurs s'emparerent des Prêtres, toutes les fois qu'ils se disoient agités par le dieu dont on les croyoit les organes. La superstition multiplia les oracles : chaque dieu eut le sien ; & ce ne fut que bien des siécles après qu'on reconnut que de cette prodigieuse quantité d'oracles répandus sur la terre, il n'y en avoit aucun qui ne fut l'ouvrage de l'imposture des Prêtres, accréditée par l'ignorance des peuples, & plus encore par le penchant trop naturel des hommes à respecter les préjugés, les erreurs les plus grossières & toute sorte de superstitions.

On a fait, dit M. Van-Dale, bien de l'honneur aux Anciens, quand on s'est persuadé que chez eux les démons rendoient la plûpart des oracles. Il n'y avoit pourtant rien de surnaturel, rien de bien diabolique dans l'ambiguité de ces oracles, encore moins dans le méchanisme de cette œuvre frauduleuse. Quand on les attribue aux démons, continue-t'il, sans doute que l'on oublie que les Prêtres n'avoient à tromper que des hommes aveuglés par la superstition publique, & fortement prévènus que c'étoit Dieu lui-même qui alloit s'exprimer par la bouche du Prêtre, ou de la Pythonisse.

En effet, sans entrer dans la question tant agitée; sçavoir, si les démons ont rendu les oracles; il suffit, suivant moi, de connoitre les plus fameux de ces oracles, & de considérer la manière dont ils étoient rendus, pour se convaincre de la grossièreté de l'imposture, qui jadis les attribuoit aux dieux, & de la stupidité de la superstition qui les prenoit pour des réponses prononcées par le destin lui-même, ou par quelqu'un des immortels. Outre l'autorité de Plutarque qui nous a conservé le nom du Pâtre (*Corétas*) qui gardoit les chèvres dans la vallée du Parnasse; outre le témoignage de Strabon, qui assure dans son 9e. livre, qu'il sortoit de l'antre de Delphes une vapeur forte & étourdissante, qui troubloit & enthousiasmoit tous ceux qui se plaçoient au-dessus de l'ouverture de cet antre, où le trépié de la Pythie fut ensuite placé; il nous reste dans les anciens Historiens assez de descriptions de la manière dont les oracles étoient rendus, pour qu'il ne nous soit pas permis de douter que ce n'étoient là que des effets de la superstition fomentée par l'imposture.

A Hyèropolis, ville en proye à l'erreur, Appollon étoit adoré dans un temple très-riche, & où il rendoit ses oracles d'une manière très-extraordinaire, fort capable d'en imposer aux Syriens, ce qui prouve jusqu'à quel point d'impudence & d'adresse les Prêtres avoient déjà porté la fourberie de leur profession. On voyoit dans ce temple, disent Macrobe & Joseph, des statues qui marchoient, qui suoient, & qui rendoient très-intelligiblement des oracles, presque toujours fort inintelligibles. Souvent encore on entendoit pendant la nuit un bruit confus de voix dans ce temple, quoique toutes les portes en fussent exactement fermées. Appollon qu'on y revéroit, y rendoit ses réponses lui-même; aulieu que partout ailleurs il ne répondoit que par la bouche de ses Prêtres. La statue du dieu portoit de très-riches vêtemens, qui consistoient en une tunique fort large &

en un manteau plus large encore & plus long de quelques pieds que la statue. Quand Appollon consulté jugeoit à propos de répondre, il commençoit par agiter sa chèvelure, & mouvoir les bras ; aussitôt les Prêtres accouroient pour l'élever en haut ; sans doute afin de donner plus de liberté au fourbe qui étoit caché entre le manteau & la statue. Pour si peu que les Prêtres fussent lents à accourir, on voyoit le dieu se débattre violemment, & entrer dans des convulsions qui le faisoient suer abondamment. Cependant quelque prompts que les Prêtres se montrassent, le dieu dans son impatience les traitoit durement, les poussoit avec violence, & souvent les jettoit fortement contre terre, jusqu'à ce que le grand-Prêtre approchât ; celui-ci se prosternoit devant l'idole, qu'il conjuroit de répondre à celui qui l'interrogeoit. Si la question déplaisoit à la divinité, elle tournoit le dos au grand-Prêtre, & se retiroit ; mais si elle vouloit répondre, alors elle poussoit en avant les Prêtres qui la portoient, & elle prononçoit l'oracle.

Les réponses de Jupiter dans la forêt de Dodone étoient encore plus généralement respectées que celles de l'Appollon de Delphes, & cependant l'imposture des Prêtres de Jupiter étoit plus grossière que l'adroite fourberie des Sacrificateurs d'Appollon. Sur une colomne fort haute, dit Suidas, on voyoit une ſtatue mal ſculptée, qui tenoit dans ſa main une verge de fer, dont elle frappoit un baſſin d'airain, toutes les fois que le vent agitoit un vieux chêne placé fort près de la colomne. Au premier de ces ſons que les Prêtres ou les Propheteſſes entendoient, ils entroient en enthouſiaſme, & s'écrioient que le grand-Jupiter avoit parlé. Outre cette ſtatue & ce baſſin, le trepié de la Pythoniſſe étoit environnné de petits vaſes d'airain appuyés les uns contre les autres ; enſorte que le ſon du baſſin placé ſur la ſtatue, ſe communiquoit à ces vaſes, qui pendant quelques minuttes rendoient un ſon harmonieux. C'étoit là toute la réponſe de Jupiter, que les Prêtres interprétoient comme ils le jugeoient à propos, & ſuivant le dégré de ſtupidité, de ſuperſtition & de crédulité de ceux qui conſultoient le dieu.

La fourberie des Prêtres qui rendoient les oracles dans ces deux temples, les plus célébres & les plus reſpectés de la terre, une fois découverte, tous les autres oracles tomberent dans le mépris, & perſonne ne chercha déſormais à pénêtrer les motifs de leur ambiguité, & de la manière obſcure & toujours enveloppée dont ils étoient exprimés.

Dans la ſuite quelques fourbes intéreſſés à accréditer de nouveau cette erreur, déjà preſque oubliée, ſuppoſerent des oracles nouveaux

veaux, & exhorterent le peuple à fréquenter les temples des dieux abandonnés. Les hommes font faciles à se laisser tromper; mais rien n'est moins aisé que de les engager à adopter une seconde fois des préjugés ou des opinions dont ils ont connu la fausseté. Des imposteurs audacieux, rapporte Eusèbe (*préparation évangélique*) tenterent dans les derniers jours du paganisme, de rendre aux dieux & aux idoles leur ancienne autorité; les complots qu'ils formerent dans cette vue, ne réussirent pas, & les moyens qu'ils mirent en usage, parurent si révoltans & si contraires au repos public, que les fourbes furent pris & enchainés. Les tourmens de la question, ajoûte Eusèbe, leur arracherent des aveux qui acheverent de convaincre tous les esprits de l'imposture des oracles. Ces Prêtres confesserent qu'il n'y avoit que de la fraude dans leurs opérations; ils donnerent même par écrit un long détail de toutes les impostures dont on s'étoit servi jusqu'alors dans les temples, pour rendre des oracles, & séduire le peuple.

Bien des gens sont encore persuadés que les démons se sont fait entendre autrefois dans les temples, & l'on fonde cette fausse opinion sur les événemens prédits par quelques-uns de ces oracles, & sur cette fureur surnaturelle qui s'emparoit des Prêtres, & qui les agitoit avec tant de violence toutes les fois que le Dieu interrogé s'exprimoit par leur organe. Mr. Van-Dale & M. de Fontenelle ont démontré l'abſurdité de ces deux raiſons; car il eſt faux qu'aucun oracle, depuis leur établiſſement juſqu'à leur ceſſation, ait prédit aucun événement, à moins qu'on ne veuille regarder comme des prophéties quelques réponſes ambigues, & qui ſauvoient également l'honneur des Prêtres, ſoit que l'événement prédit arrivât, ſoit qu'il n'arrivât pas : tel fut, par exemple, l'oracle rapporté par Ennius, & qui en même tems prédiſoit la défaite des Romains & celle de Pyrrhus :

Aio te Æacida Romanos vincere poſſe.

A l'égard de la fureur qui s'emparoit des Prêtres ; il y a bien de la ſimplicité à l'attribuer à des cauſes ſurnaturelles. On voit à Philadelphie de Quakers fanatiques écumer, entrer en convulſion, rouler les yeux d'une effroyable manière, trembler de tous leurs membres, imiter, pâles & couverts de ſueur, les hurlemens des loups, toutes les fois qu'ils croyent, ou qu'ils veulent qu'on s'imagine que *l'eſprit de Dieu eſt deſcendu dans leur poitrine*. A ces contorſions violentes, à ces efforts, à cette écume, quel homme de bon ſens penſeroit que c'eſt réellement l'eſprit de Dieu qui agite & tourmente ces imbéciles Quakers ? Ne ſçait-on pas auſſi juſqu'à quel dégré de délire & d'abſurdité quelques obſcures associations ont porté de nos jours le stupide art de convulsions ?

Les transports frénétiques des Prêtres du paganisme n'en imposerent donc aux peuples que dans les premiers tems ; mais ils parurent ridicules aussitôt qu'on en eut apperçu le grossier méchanisme ; & ces mêmes oracles qu'on n'avoit consultés qu'avec crainte, qu'on n'avoit entendus qu'avec frémissement, furent décriés, négligés, & ouvertement méprisés. *Votre Appollon Philippise*, disoit publiquement Démosthène aux Sacrificateurs de Delphes, auxquels cet Orateur célébre reprochoit de s'être laissé corrompre par l'or du Roi de Macédoine, & de lui avoir vendu les oracles qu'ils ne cessoient de prononcer en sa faveur.

Mais pour être éclairés sur le charlatanisme des Prêtres & sur leur avidité, les hommes n'en étoient pas moins inquiets sur leur sort ; & le desir de lire dans l'avenir, desir inséparable du cœur humain, s'étoit accru en proportion de l'espèce de sécurité où ils étoient depuis qu'ils croyoient avoir trouvé le moyen de connoître, par l'inspiration des dieux, les événemens futurs. L'incertitude & la profonde obscurité des oracles, la fourberie de ceux qui les rendoient, & l'insigne fausseté de la plûpart de leurs prédictions affoiblirent l'autorité des Prêtres, qui jusqu'alors avoit été despotique : cependant leur discrédit n'ébranla ni l'empire de la superstition, ni cet antique préjugé, que l'homme environné de dangers est aussi environné de dieux qui l'avertissent de tous les événemens qui intéressent son existence, soit que quelque péril menace ses jours, soit qu'il doive lui arriver quelque bonheur imprévû. De cette idée, fort absurde à la vérité, mais flatteuse & très-consolante pour un être timide, est née vraisemblablement la science des présages, ou l'art de connoitre par des signes extérieurs, par des indices fortuits, ce qui doit arriver.

Il est probable que quelques signes très-indifférens par eux-mêmes, ont précédé par hazard quelques événemens heureux ou sinistres, & que ceux auxquels ces événemens ont été favorables ou contraires, ayant apperçu ces signes, se sont imaginé qu'ils leur étoient envoyés par les dieux pour les avertir de ce qui devoit leur arriver. Cette idée orgueilleuse, autant qu'elle étoit frivole, paroit avoir été bien capable de faire impression sur la multitude, qui l'aura adoptée avec d'autant plus d'ardeur & de facilité, que les Prêtres déconcertés de la décadence des oracles, ne manquerent pas sans doute d'accréditer, autant qu'il fut en eux, ce nouveau genre de superstition, persuadés qu'ils s'arrogeroient aisément le droit d'interpréter les présages, eux qui, ministres des autels, étoient naturellement les interprêtes de la volonté des dieux, de quelque manière qu'elle se manifestât. Ainsi la sçience des présages fut sacrée, quand, graces à l'imposture des Prêtres & au goût des hommes pour la superstition, cette folle connoissance fut devenue la partie la plus essentielle de la religion. Bientot, les signes heureux ou sinistres, furent multipliés au point qu'il n'arrivoit plus rien qui ne fut regardé comme un avertissement des dieux, comme une prédiction assurée de l'avenir. On n'osoit plus rien entreprendre avant que d'avoir eu recours aux Interprêtes des présages; & tout alors étoit présage.

Les Prêtres Etrusques se rendirent très-célébres par leur habileté dans l'art d'expliquer les présages, & ce fut d'après eux que les Augures Romains composèrent des régles sur les observations des signes envoyés par les dieux; signes qui étoient, suivant eux, de sept espèces. Les paroles fortuites, c'est-à-dire, les premiers mots qu'on entendoit prononcer en sortant de chez soi, ou bien quand on étoit fortement occupé de l'exécution de quelque entréprise, ou inquiet sur le succès de quelque opération. Ces paroles étoient censées venir immédiatement des dieux, quand on n'avoit pas vû la personne qui les avoit prononcées, & indirectement, quand on en appercevoit l'auteur; alors c'étoit à celui qui avoit entendu ces mots, à examiner s'ils lui étoient favorables ou finiftres; & s'il n'étoit pas initié dans la fçience des préfages, il devoit s'adreffer aux augures qui les lui interprêtoient. Le treffaillement de quelque partie du corps étoit la feconde efpèce de préfage, & la plus facile à expliquer; car il étoit de principe que la palpitation du cœur annonçoit une finiftre aventure; comme le treffaillement de l'œil droit ou des fourcils étoit un figne heureux. Il y avoit beaucoup à craindre quand on fe fentoit le petit doigt engourdi, ou qu'il furvenoit quelque mouvement convulfif au pouce de la main gauche. Craignez les traits que les calomniateurs lancent contre vous, lorfque vous éprouvez des tintemens d'oreille, s'écrioient les Etrufques; car ce figne vous annonce que quelque détracteur vous dénigre & vous déchire. Les circonftances rendoient encore les éternuemens d'un finiftre on d'un heureux préfage, fuivant le tems où l'on éternuoit. Depuis minuit jufqu'à midi, c'étoit un figne très-défavorable qu'un éternuement, & l'après midi même ce n'étoit un préfage heureux que lorfqu'on éternuoit du côté droit. Les Romains, comme les Etrufques & les Grecs même, craignoient fi fort cette efpèce de préfage, qu'ils ne manquoient jamais de faluer quiconque éternuoit, en prononçant la formule Ζευσωσον, ou, & cela *même*, afin de détourner ce que ce préſage pouvoit renfermer de ſiniſtre. Les chûtes que l'on faiſoit ſans les avoir prévues, ou celles des ſtatues; les coups que l'on ſe donnoit par inattention contre le ſeuil de la porte, ou ce qu'il y avoit de bien plus effrayant, le déchirement du cordon de ſes ſouliers; tous ces événemens étoient du plus funeſte augure, de même que la rencontre fortuite de certaines perſonnes, ou de certains animaux déclarés ſiniſtres par les régles du grand art des préſages. Enfin les noms & la manière dont on les prononçoit, étoient auſſi déclarés fortunés ou ſiniſtres; enſorte qu'un nom réputé de mauvais préſage ſuffiſoit pour troubler les ſacrifices les plus ſolemnels, pour faire pâlir de terreur les héros les plus intrépides, & pour jetter l'allarme ſur toute une Nation.

Par quelle inconcevable fatalité la ſaine raiſon qui lutte depuis tant de ſiécles contre ces préjugés, n'a-t'elle pû encore en diſſiper l'illuſion: car chez nous, comme chez les habitans de l'ancienne Etrurie, le peuple croit fortement aux préſages, & ne ſouffre qu'avec impatience qu'on donne des cauſes naturelles aux ſignes les plus indifférens & aux événemens les plus ſimples & les plus ordinaires. Que la crainte de l'avenir effraye des hommes ignorans, au point de regarder tout ce qui ſe préſente à eux, tous les

H 4

objets qu'ils voyent, tous les mouvemens qu'ils éprouvent, tous les sons qu'ils entendent, comme autant de signes facheux, avant-coureurs de quelque grand désastre, ce n'est pas là ce qui m'étonne; mais ce qui me surprend, c'est qu'on ait l'inhumanité de laisser végéter le peuple dans cet effroi perpétuel, qu'on le laisse languir dans la nuit de ces superstitions. Ce qui me surprend & m'afflige, c'est que ceux qui devroient éclairer de la lumière la plus pure les esprits simples & crédules, souffrent le bisarre assemblage de ces opinions avec l'idée sublime de la grandeur, de la puissance & de la majesté de Dieu. Non, barbares Etrusques ! ce ne sont ni des victimes, ni des prières, ni de riches offrandes que le ciel demande aux hommes, afin de détourner les effets des sinistres présages; ce que l'Etre suprême exige, c'est qu'on ne laisse point les ignorans porter l'impiété jusqu'à attribuer aux animaux & aux signes les plus méprisables le privilège singulier d'annoncer l'avenir.

Les présages eussent éprouvé le sort qu'ont eu autrefois les oracles, si, de même que tous les hommes ont vû la fourberie du méchanisme des oracles, de même aussi tous les hommes étoient assez éclairés, ou du moins assez raisonnables pour appercevoir l'absurdité frappante des présages: mais c'est à la faveur de l'ignorance & de la crainte que ce genre de superstition a conservé, & que vraisemblablement il conservera longtems encore son ancienne autorité. Ce fut, dit Priolo l'Historien, un présage bien sinistre aux yeux de toute l'armée, quand, en 1652, le grand Prince de Condé parcourant le champ de bataille, son épée tomba du ceinturon sans qu'il s'en apperçut : tous les Soldats furent pétrifiés : *omine non fausto*, s'écrie le bon Priolo, *ensis bultheo elapsus excidit*. Le Peuple de Rome ressemble exactement à l'armée du Prince de Condé ; c'est une grande affaire pour ce peuple superstitieux que celle de chercher dans le nom de bon ou de mauvais augure d'un Cardinal, s'il sera élevé au souverain Pontificat. A l'égard des Espagnols, la manie des présages est une ancienne maladie dont il seroit trop dangereux de vouloir les guérir. Sandoval, Evêque de Pampelune, Historiographe de Charles-Quint, ne raconte-t'il pas, à l'occasion de la victoire de Charles sur le Duc de Saxe, que durant le combat on vit un aigle monstrueux planer au haut des airs, à la droite de l'infanterie espagnole, & que par un prodige tout aussi extraordinaire que celui qui arriva dans le tems de Josué, le soleil suspendit sa course, & s'arrêta pendant plusieurs heures, pour donner aux Impériaux le tems de massacrer les bataillons saxons ?

De toutes les folies que la terreur a inspirées à l'imagination, la plus extravagante a sans doute été celle de croire que Dieu, qui s'est expressément réservé la connoissance de l'avenir, en fasse part aux hommes par tant de différens moyens, & toujours d'une manière si obscure & si peu digne d'une intelligence céleste. Quelle plus grande impiété, dit Maxime de Tyr, que celle de se persuader que la divinité se tient, s'il est permis de s'exprimer ainsi, sur les grands chemins, pour annoncer par le vil ministère d'un loup, d'un vautour, ou d'un chien, la bonne & mauvaise aventure aux passans!

Il y a du moins quelque chose d'imposant dans le reste des superstitions humaines; mais quoi de plus stupide, quoi de plus méprisable, de plus abject que la science des présages? Qu'on pense que les astres ne roulent que pour l'homme & pour lui révéler les secrêts du destin; cette idée quoique fausse, est grande cependant, & bien propre à flatter l'amour propre, à éblouir l'esprit, à égarer la raison : mais comment les mêmes êtres ont-il pû imaginer de placer la science de l'avenir dans la rotation des corps célestes & dans les cris d'une chouette? Mais depuis le premier instant ou la terreur s'est pour toujours emparée du cœur de l'homme, depuis cet instant qui remonte aux siécles les plus reculés, que nous offrent les fastes de l'histoire, qu'une longue suite de rêves, qu'un délire sans interruption, & qui ne finira qu'à la dissolution des tems.

CHAPITRE IX.

De l'Astrologie judiciaire.

L'HEUREUX tems, la brillante époque pour la gloire des astres que ces jours ténébreux des 14e. & 15e. siécles ! Avec quelle impatience le public attendoit, avec quelle terreur il écoutoit les prédictions annoncées de la part des signes célestes ! Que j'aime à me représenter l'étonnement, l'inquiétude & la vénération de nos peres, quand ils lisoient à leurs familles effrayées les déli-res astrologiques des Mathieu Lansberg de leur âge !

Que sont-elles devenues ces promesses, ces menaces ? elles se sont évanouies ; on ne lit plus dans l'avenir. Elles ont disparu ces étonnantes prophéties à la clarté des sciences & des arts. Mais encore, quels biens, quels avantages nous ont dédommagés de cette perte irréparable ? Nous avons étendu la sphère de nos connoissances. Eh ! qu'est-ce que ces connoissances auprès de tant de présages flatteurs, auprès de tant de craintes, d'allarmes & de terreurs ? Nous croyons être plus sçavans : mais comment pourrions-nous l'être, quand l'empire de l'astrologie judiciaire est tombé en décadence ; quand on en est venu au point de regarder comme des insensés, ou tout au moins comme des imposteurs, les Astrologues, ces mêmes Astrologues si puissans autrefois, reçus, accueillis, consultés avec tant de respect dans les palais des Rois. Où sont-ils aujourd'hui ces interprêtes du destin ? On suit péniblement la course des planêttes ; on prévoit tout au plus quelques indifférentes éclipses ; on fixe on détermine les mouvemens des tourbillons : mais pour nous désormais,

> Le ciel n'est plus un livre où la terre étonnée
> Lise en lettres de feu l'histoire de l'année.

Quelques nations isolées dans les extrémités du Nord ; quelques peuples, heureusement pour eux, séparés de nous par des mers & des déserts immenses, l'ont conservé cet art divin. Et nous, Européans polis & philosophes, il ne nous reste plus que le regret de l'avoir méconnue, méprisée, abandonnée cette science admirable ; trop heureux si nous eussions perdu en même tems le goût indestructible que tous les hommes ont pour elle, ce penchant indomptable qui nous porte sans cesse à percer dans l'avenir !

Que des opinions frivoles, que des sistêmes hazardés passent & tombent dans l'oubli, presqu'aussitôt qu'ils sont créés ; rien n'est plus naturel. Ces opinions, fussent-elles fondées, ces fiftêmes fuffent-ils démontrés ; de quel droit un homme feul, ou tout au plus quelques Sages conjurés, prétendroient-ils avoir trouvé la vérité ? Eh quand ils l'auroient découverte, feroit-ce affez pour forcer tous les hommes à la recevoir ? Y a-t'il quelque loi qui m'oblige de déférer au fentiment d'autrui ?

Qu'ils fe détruifent donc, & qu'ils s'anéantiffent tous ces inutiles fiftémes, il importe très-peu. Mais l'art le plus augufte, mais la plus belle, la plus fûre, la plus fublime des fçiences, celle que toutes les Nations ont honorée, qui a fleuri avec tant d'éclat, & régné avec tant d'empire dans tous les tems, & prefque depuis la création jufqu'à nos jours, comment fe peut-il faire que nous la méprifions, que nous la regardions comme une fçience vaine, pernicieufe, menfongère ? Qui fommes-nous pour lutter feuls contre le fentiment & la conviction de tous les hommes réunis : qu'eft-ce que notre fiécle, comparé à tous les fiécles qui font paffés, & à tous ceux qui doivent s'écouler ? Qu'eft-ce que l'Angleterre & la France comparées au refte de la terre ?

Partout je vois l'aftrologie cultivée, floriffante, gouverner defpotiquement les peuples & les Souverains, les flatter par d'heureux préfages, ou les glacer d'effroi par d'accablantes prédictions. Et nous, énorgueillis de je ne sçais quelle philosophie ; nous rougissons de la crédulité des nos prédécesseurs, & seuls nous osons résister aux preuves démontrées de l'influence des astres, & à l'infaillibilité des oracles qui résultent visiblement de la situation des planetes, & de leurs différens aspects?

Si l'on pouvoit supposer que l'astrologie n'eut pas, comme on l'a presque toujours cru, le pouvoir d'annoncer les événemens moraux, avant qu'ils arrivent, de prévoir, & de déterminer des faits qui dépendront du hazard des circonstances, de la volonté toujours libre des hommes, du concours & de la combinaison des actions humaines; s'il étoit vrai qu'emportés par leur tourbillon, & ne pouvant conséquemment régler leur propre course, les astres ne pussent pas non plus diriger notre globe, & tout ce qui s'y passe ; pourquoi dans tous les tems auroit-on consulté le ciel ; pourquoi auroit-on cru y lire l'avenir? Quelle seroit la cause de cette erreur, commune à tous les hommes, à tous les peuples?

Il y a mille ans que les Chinois ignoroient qu'en Europe, ou dans toute autre région, on lut dans les planetes l'histoire des événemens futurs ; ils ne sçavoient pas même si l'Europe existoit. Avant le siecle de Christophe Colomb les Américains croyoient être les seuls habitans de la terre, & cependant ils n'entreprenoient rien, qu'auparavant ils n'eussent interrogé les astres : chez eux, comme partout ailleurs, les éclipses les plus légères répandoient la terreur & la consternation ; ils avoient élevé des temples au Soleil, pere de leurs Incas. Qui leur avoit appris à chercher dans l'aspect des planètes la destinée de l'empire ? La même voix sans doute qui autrefois l'avoit appris aux Perses, aux Arabes, à toutes les Nations.

L'astrologie judiciaire, n'eut-elle en sa faveur que son ancienneté, ne seroit-ce pas déjà, sinon une preuve assurée, du moins une bien forte présomption de sa puissance & de sa certitude ? Mais si à cette antiquité elle réunit encore le goût & la vénération de tous les peuples, le respect, la confiance & la docilité de tout ce que la terre a produit de grands hommes ; si, malgré le mépris où elle est tombée en Europe, elle conserve ailleurs & son premier éclat & son antique autorité : enfin, si à juger des révolutions futures par les événemens passés, il est probable que dans les pays mêmes d'où on l'a si honteusement bannie, elle sera reçue encore, plus puissante & plus accréditée que ne l'a été avant sa décadence ; pourquoi cederois-je au torrent des opinions nouvelles ? Pourquoi foible, & trop facile à me laisser persuader, irois-je sacrifier une si belle science à quelques argumens, forts à la vérité, mais peut-être fondés fur des erreurs qui passeront, de même que se sont éclipsées tant d'autres opinions qu'on regarda, pendant quelques années, comme d'utiles découvertes, des vérités indestructibles, & qui pourtant se sont évanouies pour ne plus reparoitre.

Chaque siécle, observe un sage Auteur, a son esprit, son caractère, son génie & sa philosophie; tout cela est détruit par l'esprit, le génie & la philosophie du siécle qui succéde: ensorte qu'après ce petit espace de tems, il n'existe plus de tous les sistêmes inventés, de toutes les opinions reçues, & de toutes les découvertes des Philosophes, qu'un très-petit nombre de connoissances vraiment essentielles, qui restent immuables. Mais la première, la plus constamment étudiée, la plus généralement respectée de ces sciences, n'est-ce pas l'astrologie judiciaire? Partout je vois son empire établi, &, quelques efforts que je fasse, je ne puis, nulle part, découvrir son origine: elle se perd dans l'obscurité des tems.

Quel fut celui qui le premier se flatta de trouver dans la rapidité de ces globes de feu, qui roulent sur nos têtes, la prédiction des plus grands comme des plus petits événemens qui devoient se passer sur la terre? A qui sommes-nous redevables des élémens de cette connoissance? On a fait bien des recherches

cherches à ce sujet ; on a supposé bien des faits, on a imaginé bien des conjectures, on a multiplié les sistêmes & les raisonnemens : mais qu'a-t-on découvert ? Ce qu'on sçavoit déjà ; c'est-à-dire, que du fond de la Caldée, où elle fleurissoit longtems avant les siécles héroïques, l'astrologie a répandu l'éclat de sa lumière, tantôt successivement, & tantôt dans le même tems, chez les Phéniciens en Egypte, en Arabie, dans la Grèce, à Rome, dans la Chine, en Amérique, dans les Indes ; que la terre, en un mot, s'est presque toujours éclairée à la lueur de son flambeau. Eh ! l'on voudroit après un régne si long & si brillant, que cette connoissance fut trompeuse, incertaine, supestitieuse ? Quels hommes, si cela étoit, quels grands hommes se seroient égarés !

J'ai lû dans les régistres du ciel tout ce qui doit vous arriver, à vous & à vos fils, disoit à ses enfans le crédule Bélus, tiran de Babylonne. Alors, comme depuis, on lisoit donc dans les signes célestes ; alors, comme depuis, chaque planête dominoit incontestablement sur le département qu'elle s'étoit fixé. Alors, comme depuis, Saturne, par exemple, versoit visiblement ses influences sur les étangs, les cloaques, les cimetières, les vieillards, la ratte, le tanné, le noir, l'aigre, &c. Mais pourquoi m'arrêter aux augustes principes de cette connoiſſance ? perſonne ne leſignore. J'aime bien mieux repondre à ceux qui diſent, qui ſoutiennent que l'aſtrologie n'a eu de l'autorité, tout au plus que ſur les têtes foibles, ſur quelques hommes ignorans, & ſur la populace.

Pline n'étoit rien moins qu'ignorant & crédule ; cependant il aſſure, d'après de grandes recherches, que ce n'eſt point du tout une choſe indifférente que l'influence des aſtres & leur domination ſur les objets terreſtres. Qu'on liſe dans ſes écrits ſur la l'agriculture, ſes obſervations aſtrologiques, ſes réflexions lumineuſes & ſes profonds raiſonnemens au ſujet des influences *viſibles* de la Lune ſur la végétation, les métaux & les animaux.

Il s'éleva, ſous l'empire de Claude, un eſſain d'impoſteurs, qui oſant uſurper le nom d'Aſtrologues, remplirent Rome de fauſſes prédictions ; leurs erreurs & leurs fourberies firent tort aux Sçavans. Sénèque fatigué de l'abſurdité des prophéties annoncées, feignit dans ſa harangue ſur la mort de Claude, d'avoir vû Mercure conjurant la Parque de vouloir bien permettre aux Aſtrologues de dire enfin la vérité. Ce diſcours de Sénèque parut fort indécent, on le regarda même comme un outrage fait aux aſtres : on eut tort ; car ce n'étoit point ſur le compte de l'aſtrologie, mais ſur celui des Aſtrologues que ce grand Orateur mettoit la fausseté des prédictions annoncées. Il respectoit cette science autant que le sage Socrate respectoit la philosophie ; mais il méprisoit beaucoup une foule d'imposteurs qui trompoient impunément, au nom des astres, le public & l'Empereur lui-même, & il les demasquoit, a-peu-près comme Lucien confondoit les Sophistes qui abusoient du nom de la philosophie.

Dira-t'on que Pompée, que Crassus, que César furent des hommes foibles ? Qui ne sçait toutefois que ces illustres Romains n'ont jamais rien entrepris sans avoir consulté les planêtes & les étoiles ? Je ne finirois pas si par des faits connus, des récits autentiques, je voulois peindre ici la gloire de l'astrologie dans la sçavante antiquité, son éclat & sa puissance à la cour des Rois de Babylone, dans les palais des Monarques d'Egypte, dans les écoles les plus célèbres d'Athènes & de Rome.

Pour se former une idée de la grande autorité qu'eut jadis cette connoissance, il suffit de connoître le pouvoir presque illimité qu'elle conserve encore dans la plûpart des cours asiatiques : c'est là qu'on voit les Rois s'humilier devant leurs Astrologues ; c'est là que l'on voit des armées impatientes de combattre, attendre que leurs Devins ayent déterminé de la part du Zodiaque, le moment favorable pour engager le combat. Rien ne se fait ici, dit le Voyageur Tavernier, dans sa *rélation d'Ispahan*, rien ne se fait ici que de l'avis des Astrologues; ils sont & plus puissans & plus redoutés que le Roi, qui en a toujours quatre attachés à ses pas, qu'il consulte sans cesse, & qui sans cesse l'avertissent de la bonne & de la mauvaise heure, des momens où il peut sortir, se promener, de ceux où il doit se renfermer dans son palais, se purger, se revêtir de ses habits royaux, prendre ou quitter le sceptre &c. Ils sont si respectés dans cette cour, l'une des plus brillantes de la terre, que le Roi Cha-Sephi, accablé depuis plusieurs années d'infirmités, & ne pouvant ni achever de vivre, ni recouvrer la santé, les Médecins, après avoir épuisé les ressources de leur art, jugèrent que le Prince étoit tombé dans cet état de dépérissement par la faute des Astrologues, qui par trop de précipitation, avoient mal pris l'heure à laquelle il eut dû être élevé sur le trône. Les Astrologues reconnurent leur erreur: ils s'assemblèrent de nouveau avec les Médecins, cherchèrent dans le ciel la véritable heure propice, ne manquèrent pas de la trouver; & la cérémonie du couronnement fut renouvellée, à la grande satisfaction de Cha-Sephi, qui mourut quelques jours après.

L'Empereur de la Chine, Souverain très-despotique, n'ose rien entreprendre sans avoir consulté son Astrologue ordinaire & son *thême natal*. Son attention à cet égard est si grande, ou, pour mieux dire, si superstitieuse, qu'il envoie toutes les nuits quatre Astrologues de sa cour sur une montagne élevée, près des murs de Pekin ; ils y vont contempler les astres, & reviennent ensuite expliquer tous les matins à l'Empereur les décrets des corps célestes, & les événemens qu'ont annoncés leurs mouvemens divers.

La vénération des Japonois pour l'astrologie est plus profonde encore ; chez eux, personne n'oseroit construire un édifice, avant d'avoir interrogé quelque habile Astrologue sur la durée du nouveau bâtiment : il y en a même qui sur la réponse des astres, se dévouent & se tuent à l'honneur de l'astrologie, & pour le bonheur de ceux qui doivent habiter la nouvelle maison.

Telle est encore la superstition qui règne, & qui souvent amène d'affreuses révolutions dans les Indes Orientales ; & tel étoit aussi l'entêtement de nos ayeux pour les erreurs de l'astrologie judiciaire.

Que les Romains accoutumés à chercher leur destinée dans les entrailles d'un taureau, ayent cru lire les événemens futurs dans les signes célestes, il n'y a dans tout cela rien d'extraordinaire. Que ce penchant irrésistible, & cette ambition si naturelle, si pressante que tous les hommes ont de pénétrer

dans l'avenir, ayent changé en art superſ-
tieux une ſçience utile : qu'après que des
Sçavans, à force d'étudier les mouvemens des
cieux, ſont parvenus à découvrir les cauſes & à fixer les tems de quelques phéno-
mères, des impoſteurs ayent perſuadé à
l'aveugle multitude que la ſçience des aſtres
apprend évidemment ce qui eſt, ce qui a
été, comme ce qui doit être : que malgré
ſon abſurdité, cette groſſière fourberie ait
ébloui les ignorans ; qu'alors quelques eſprits
ſupérieurs n'ayent pû réſiſter à l'attrait du
merveilleux, & qu'ils ſe ſoient laiſſé ſubju-
guer par l'empire qu'eut toujours ſur l'humanité toute ſçience occulte & incompréhenſible ; qu'Origène lui-même, Pline, Plo-
tin, & le grand Marc Aurèle ; que Tibère,
Céſar, Tacite, Tite-Live &c, ayent de
bonne foi regardé les cieux comme un livre
où l'hiſtoire du monde eſt écritte, & où l'arrangement des étoiles tient lieu de lettres &
d'écriture ; ce ſiſtême ne pouvoit paroître à
mon avis, ni plus vain ni plus inſenſé que la
ſçience des augures, & tant d'autres erreurs
conſacrées par une religion ſuperſtitieuſe
au-delà de toute extravagance, minutieuſe
juſqu'à la ſtupidité ?

Mais que nos bons ayeux, corrigés, é-
clairés par les erreurs & les préjugés de leurs
prédéceſſeurs, ayent cru aux mêmes chimères ; que leur ſuperſtition pour les aſtres,

leur soumission à l'influence des planètes, & leur docilité aux fourberies des Astrologues, ayent été poussées jusqu'au plus haut dégré d'éffervescence & de délire; voila ce qui me prouve & l'extrême foiblesse de la raison humaine, & l'inutilité des efforts réunis des Sages, pour détruire à jamais l'autorité des préjugés populaires, qui une fois accrédités, ne peuvent, tout au plus, qu'être restraints, mais jamais anéantis dans les pays où ils ont été reçus.

De toutes les religions le christianisme est sans doute la plus incompatible avec les rêves & les prédictions de l'astrologie judiciaire; parceque la croyance à l'unité d'un Dieu, arbitre des destins, & qui s'est expressément reservé à lui seul la connoissance de l'avenir, démontre avec autant de force que d'évidence la fausseté de cette sçience. Toutefois, qui ne sçait avec quelle fureur l'astrologie a dégradé nos peres, avec quelle avidité ils ont reçu & étudié ses principes, avec quelle docilité ils ont écouté les oracles & les prophéties des fourbes qui ont abusé de leur crédulité?

Il n'y a pas plus de deux siécles qu'on n'entendoit parler que d'horoscopes, de présages, en France, en Angleterre, en Allemagne, en Italie, & dans l'Europe entière. Les astres faisoient tout, ils décidoient de tout; ils annonçoient la guerre, ils prédisoient la paix, ils préfidoient fur les jours des Rois comme fur l'exiftence des Laboureurs. Albert, Evêque de Ratisbonne, ce même Albert à qui fon fiécle, &, je ne fçais à quel propos, la poftérité ont accordé le nom de grand, ne publia-t'il pas l'horofcope de J. C. ? &, pour ajoûter au délire d'Albert, le Cardinal d'Ailly n'alla-t'il pas chercher dans les fignes céleftes la deftinée de la religion chrétienne ? Mathias Corvin, Roi de Hongrie, n'ofoit former, n'ofoit exécuter aucun projet avant que d'avoir confulté les aftres. Sforce, Duc de Milan, voulut-il jamais entrer dans aucune efpèce de négociation; fe permit-il de fonger à aucune forte d'affaire publique ou domeftique, fans prendre auparavant les avis de fes Aftrologues ? Qui régnoit en France, fous le nom de Cathèrine de Médicis ? N'étoient-ce pas auffi des Aftrologues qui rempliffoient impunément & fon cœur & fa cour de terreur & de vices ? N'étoient-ce pas ces fourbes accrédités qui répandoient dans le Royaume mille finiftres prédictions, & qui à la faveur des fuperftitions qu'ils avoient introduites, commettoient toute forte de crimes & d'horreurs ? On fçait que leur audace & leur avidité furent telles, que les Etats d'Orléans & ceux de Blois prirent envain les plus fages mèfures pour en arrêter les efforts. Les rigueurs des pourfuites qu'on faifoit alors contre les

Astrologues, les peines qu'ils subirent, les exemples, peut-être trop fréquens, qu'on en fit, les décréditèrent si peu, qu'ils furent tout aussi puissans à la cour de Henri IV, qu'ils l'avoient été dans celle de Cathèrine. Henri, le plus digne des Rois, & l'un des hommes les plus éclairés de son siécle, ne put se garantir du prestige imposant de l'astrologie. On souffre quand on lit dans les Mémoires de Sully, que ce Prince tout grand, tout sage qu'il étoit, ordonna à son Médecin la Rivière, Sçavant fameux & surtout grand Astrologue, de travailler à l'horoscope du Dauphin nouveau né, & qui régna ensuite sous le nom de Louis le juste.

De tous les événemens annoncés par les Astrologues, je n'en trouve qu'un seul qui soit réellement arrivé, tel qu'il avoit été prévû; c'est la mort de Cardan, qu'il avoit lui-méme prédite & fixée à un jour marqué. Ce grand jour arriva: Cardan se portoit bien; mais il falloit mourir, ou avouer l'insufisance & la vanité de son art: Cardan ne balança pas, & se sacrifiant à la gloire des astres, il se tua lui-même; car il n'avoit pas expliqué s'il périroit par une maladie, ou par un suicide.

Il est vrai que les François se sont guéris peu-à-peu de cette ancienne foiblesse; il est vrai qu'ils ont méprisé l'astrologie judiciaire autant qu'ils l'avoient respectée: je conviens qu'on a cessé de croire aux influences, &

qu'on est aujourd'hui généralement persuadé que les astres qui se meuvent avec tant de vélocité, & qui à chaque instant sont si rapidement emportés par leur tourbilon, ne peuvent point fixer nos destinées, eux qui sont si mobiles. Mais cette opinion durera-t'elle autant que l'opinion contraire a existé? l'astrologie judiciaire ne reparoitra t'elle pas sur les débris de la philosophie, quand retombés dans les ténébres de l'ignorance & sous l'antique empire de la terreur, nos descendans auront éteint la lumière des sçiences, & qu'ils préféreront au goût des arts, & au flambeau de la saine raison, l'amour du merveilleux, les agitations d'une crainte panique, le goût des préjugés, & les prestiges de l'erreur? L'astrologie alors reprendra son autorité en France & en Europe, où il lui sera d'autant plus facile de pénétrer, que quand elle en a été bannie, elle n'a pas entrainé dans sa fuite l'essain stupide des superstitions qu'elle y a repandues, & qui s'y sont conservées, si non dans les villes & parmi les Citoyens instruits, du moins dans les campagnes, où elles n'ont encore rien perdu de leur force & de leur ascendant sur les esprits. Je parle de la magie, de la sorcellerie, des fantômes, &c.

CHAPITRE X.

De la Magie.

L'ÉTUDE du ciel corrompue, la religion profanée & l'abus de la médecine donnèrent autrefois naissance à la magie, qui bientôt plus puissante & plus terrible que ces trois grandes sources de son autorité, prétendit commander au ciel, diriger, ou détruire à son gré, toute espèce de culte, & disposer de la vie des hommes. Zoroastre qui régnoit, dans la Bactriane dit l'Historien Justin, cinq mille ans avant la guerre de Troye, fut le premier qui infecta le genre humain des erreurs & des crimes de la magie. Pausanias assure que cet art fut autrefois d'un grand secours à ceux qui, comme Zoroastre, voulurent introduire une nouvelle religion, afin d'assujettir plus aisément les hommes, par la crainte des maux que la vertu magique forçoit les dieux eux-mêmes & les esprits inferieurs d'envoyer sur la terre contre les ennemis du culte nouvellement fondé. Dans cette vûe, ils inventèrent des cérémonies nocturnes très-propres a donner les plus effrayantes idées des démons & des dieux malfaisans. De-là, le formulaire des évocations; de-là, les paroles funestes prononcées sur les herbes miſtérieuſes, de là enfin les poiſons apportés des enfers par Hécate, Mègere, & tout le reſte de la cohorte ſouterraine.

Quelques fourberies adroites, quelques meurtres préparés & commis avec art, quelques ſacrifices ſanglans achevèrent d'accréditer cette ſçience homicide, qui de la Bactriane, paſſa dans l'Aſſyrie, & qui bientôt plus prompte que la lumière, plus terrible qu'un incendie couvrit de ſes horreurs la face de la terre.

On ſera peu ſurpris, obſerve Pline, que cet art impoſteur & cruel ait acquis preſque chés tous les Peuples la plus grande autorité, ſi l'on fait attention à l'empire qu'il a ſur l'eſprit des hommes naturellement curieux & timides; ſi l'on fait attention à l'aſcendant tiranique qu'il uſurpe ſur l'imagination. Tout le monde convient, ajoute cet Auteur, que la magie a emprunté de la médecine une partie de ſa force; non qu'elle ſe ſoit propoſé le même objet, mais par des vues plus auguſtes, plus élévées, plus ſublîmes. ,, Par un mélange ſacrilége, elle a puiſé auſſi dans la religion, ſans doute afin d'inſpirer de la crainte & beaucoup de reſpect pour ſes opérations & ſes ſombres miſtères: enfin elle s'eſt étayée des ſéductions de l'aſtrologie, & du langage, toujours obſcur pour le vulgaire, des mathématiques, afin d'en impoſer à la multitude, ignorante, autant qu'elle eſt curieuſe de ſçavoir ce que l'avenir lui destine, & fortement persuadée que les événemens dépendent immédiatement du cours & de l'influence des astres. La magie s'étant donc emparée par ces trois puissans moyens de l'entendement humain ; est-il bien surprenant qu'elle se soit si fort accréditée, & que la plûpart des nations la regardent encore, à l'exemple de nos prédécesseurs, comme la plus sacrée & la première des sciences ? Est-il bien merveilleux que la plûpart des Rois de l'Orient se gouvernent entièrement par elle ?

Eh ! comment les Anciens eussent-ils dédaigné la science magique, eux qui croioient que sa puissance commandoit aux dieux, aux enfers, aux élémens, à la nature entière" ? Comment eussent-ils cru pouvoir impunément mépriser les Magiciens, dont la voix redoutable excitoit les tempêtes, transportoit les enfers sur la terre, bouleversoit les cieux ? Comment les Souverains de l'Orient oseroient-ils se permettre de ne pas obéir aux Magiciens, qu'ils regardent & qu'ils craignent, comme l'antiquité respectoit, regardoit & pensoit qu'on devoit craindre Médée, Orphée, Circé, &c. Le moyen de ne pas frémir de terreur devant des gens qui, comme les a peints Brébœuf, d'après Lucain,

 Sçavent mieux nos destins que les Dieux qui les font.
. . . .
 L'univers les redoute, & leur force inconnue

S'élève impunemment au-dessus de la nue,
La nature obéit à leurs impressions,
Le soleil étonné sent mourir ses rayons:
Sans l'ordre de ce Dieu, qui lance le tonnerre,
Le Ciel armé d'éclairs tonne contre la terre.
L'hyver le plus farouche est fertile en moissons:
Les flammes de l'été produisent des glaçons;
Et la lune attachée à son trône superbe,
Tremblante & sans couleur, vient écumer sur l'herbe.

Telle étoit autrefois la puissance de la magie, surtout à Babilone, où elle n'étoit exercée que par les Prêtres; preuve assurée que cet art faisoit, ainsi que je l'ai dit, une partie essentielle de la religion. D'après cette réunion de la magie avec le sacerdoce, il est facile de juger du dégré de corruption que la fourberie & la superstition avoient introduit dans le culte, qui dès-lors ne fut plus qu'un assemblage infâme d'évocations, de sacrifices aux esprits infernaux, & d'obscènes mistères.

La magie fut plus cruelle en Perse; car elle étoit plus ou moins meurtrière, suivant le caractère plus ou moins superstitieux, & plus ou moins féroce de la nation qui l'adoptoit.

Ce fut aussi cette sçience ténébreuse qui apprit aux Romains à faire sur les sepulcres des libations de lait & de vin; opération magique par laquelle on croyoit pouvoir évoquer les ames, qui étoient supposées accourir aussitôt des enfers, quelque fortes que fussent les chaines qui les y attachoient & à quelques tourmens qu'elles y fussent condamnées, pour venir se repaître de ces

liqueurs & de l'odeur des victimes immolées.
Nunc animæ tenues, & corpora functa sepulcris,
  Errant : nunc posito pascitur umbra cibo.

Pythagore, Empédocle & Démocrite contribuérent infiniment, dit-on, aux progrès de la magie ? Pline rapporte même les titres des ouvrages dans lesquels il prétend que Démocrite exposoit & devéloppoit les principes des anciens Magiciens. Mais ce qui décrédite un peu l'opinion de Pline, c'est qu'il porte la même accusation contre Platon, le moins superstitieux & le moins crédule des hommes : & cependant Platon, dans son traité des loix, veut qu'on chasse les Magiciens de la société, après qu'on les aura sévèrement punis, non pas du mal qu'ils peuvent opérer par la vertu de leur science, mais de celui qu'ils voudroient faire. Il me semble que cette loi ne suppose guère dans celui qui l'a faite, de la crédulité, ni de la confiance à la magie & aux Magiciens. Il est vrai qu'il a exclu aussi les Poëtes de sa République ; mais ce n'est qu'après leur avoir accordé des honneurs presque divins, qu'après les avoir comblés de distinctions & d'éloges.

Le plus ancien des Auteurs connus, celui qui le premier a écrit l'histoire des Phéniciens, Sanchoniaton, qui, au rapport d'Eusébe, dans sa *Préparation-Evangélique*, vivoit longtems avant la guerre de Troye, ce même Sanchoniaton, que les Sçavans &

les Littérateurs ont toujours regardé, suivant les expreſſions de Philon, comme l'homme le plus éclairé de la terre, & du jugement le plus ſain, n'a-t'il pas fondé auſſi ſur la réalité de la magie & ſur l'autorité des Magiciens, l'hiſtoire phénicienne & la religion de ſes concitoyens ? Il eſt vrai que ſa théologie & ſon ſiſtême ſur l'origine des Phéniciens ſont moins abſurdes que les fables des Grecs ſur les aventures peu décentes, les actions héroïques, la valeur incroyable & la force prodigieuſe de leurs dieux & des anciens fondateurs des peuples de la Grèce. Mais cette théologie de Sanchonioton ne m'en paroit pas moins un tiſſu ridicule d'actes magiques & très-inconcevables. C'eſt en effet de la magie que la beauté de ces Bœtiles animés, de même que l'éclat de cette étoile autrefois inconnue, forcée tout-à-coup de paroitre à la voix d'Aſtarte, & conſacrée dans la ville de Tyr. N'eſt-ce pas auſſi de la magie que cette caſtration de Cælus par Saturne, celle de Saturne par lui-même, & qu'il força tous ceux qui l'accompagnoient d'imiter ? Enfin qu'eſt-ce autre choſe qu'une opération magique que ce coup de tonnerre, qui donne tout-à-coup le mouvement à cette foule d'animaux créés par l'eſprit ſupérieur, immobiles dans les plaines de la Phénicie, & qui par ce coup de foudre, ſont comme reveillés d'un profond aſſoupiſſement ?

Il n'étoit pas possible que les Phéniciens instruits par Sanchoniaton, ne crussent point à la magie. Il n'étoit guéres possible que la tête échauffée par de semblables récits, ils n'imaginassent pas un culte & des cérémonies analogues à la folie de ces idées sur l'origine & sur les aventures des dieux. Et si les Grecs ont emprunté des Phéniciens la plus grande partie de leur théologie comme ils l'ont dans la suite communiquée aux Romains ; est-il bien merveilleux qu'ils y ayent aussi puisé leurs fables & leurs contes magiques ? Si de cette tradition je remonte à l'origine & à la cause constamment agissante de toute erreur, de toute superstition, à la crainte de l'esprit effrayé sur les maux à venir par le souvenir des désastres passés ; dès-lors je ne suis plus surpris que les mêmes rêveries ayent eu dans la Grèce & à Rome tout autant d'autorité qu'elles en avoient eu jadis dans la Caldée & en Egypte.

Mais passons à des tems plus modernes & à des nations plus connues ; car ce seroit une grande injustice que d'accuser seulement les Grecs & les Romains de trop de crédulité pour des récits très-incroyables. Ces récits étoient consacrés par la religion, qui très-certainement n'eut pas souffert des observations contre un art qui faisoit la partie la plus considérable du culte des dieux, & la source la plus essentielle de la fortune des oracles & de l'autorité des **Prêtres**.

On diroit que l'Islande, la Norvège & la Laponie ont été dans tous les tems les grands théâtres de cet art, tant il y a fait de progrès, tant il y a jetté de profondes racines. C'est là que la magie gouverne impérieusement les peuples; c'est là qu'elle fait des prodiges au-dessus de tout ce qu'on raconte de l'ancienne Thessalie. Scheffer, Olaus Magnus & Saxon le Grammairien ont pris soin de publier de vastes collections des merveilles chaque jour opérées par les Magiciens de ces trois nations; Magiciens fort ignorans, mais qui néanmoins me paroissent tout aussi fourbes, & tout aussi intéressés que le furent jadis les **Prêtres** Egyptiens, Assyriens, de la Grèce & de Rome.

L'attachement des Lapons, des Islandois & des Norvègiens à cette science obscure, leur penchant à la superstition & leur ignorance extrême sembleroient m'indiquer les qualités nécessaires au climat dans lequel la magie peut fleurir : je croirois que cet art imbécile ne peut être cultivé ni reçu que par quelques esprits grossiers & par quelques hommes de la classe la plus vile, si malheureusement une foule de grands exemples ne me prouvoient que c'est précisément sur les têtes les mieux organisées, sur les esprits les plus sages & les plus éclairés, que la magie a eu le moins de peine a exercer sa fantasti-

& les Superstitions.

que autorité. Je l'abbandonnerois volontiers à la crédulité du peuple, si Suétone ne m'apprenoit que Néron, auquel, malgré ses vices, on ne peut, sans injustice, refuser de l'esprit, du goût & des talens, fut le Magicien le plus déterminé de son tems, & qu'il sacrifia solemnellement aux enfers, après en avoir évoqué, par les plus fortes imprécations magiques, les mânes d'Agrippine, dont le spectre irrité venoit toutes les nuits lui reprocher son affreux parricide. Je conviendrois que la magie n'a eu de l'autorité que sur les esprits foibles, les ignorans, les femmes & le peuple, si Dion Cassius, Suidas, & beaucoup d'autres ne nous avoient point laissé des descriptions très-surprenantes des opérations magiques, des conjurations & des cérémonies religieusement observées par l'Empereur Adrien.

Le premier de ces Historiens, le sage Dion raconte que Marc-Aurèle, l'honneur du trône & l'ornement de la philosophie, étoit toujours accompagné du célèbre Arnuphis, Magicien d'Egypte, auquel ce facile Empereur ne manqua point d'attribuer une pluie abondante qui vint desaltérer l'armée romaine, prête à périr de soif. Et cet homme éclairé, ce Prince philosophe, à son apostasie près, le plus illustre des Souverains de Rome & l'amour de la terre, ne fut-il pas également le défenseur le plus zélé, le plus outré de la magie ? n'eut-il pas mille fois recours aux cérémonies les plus superstitieuses & les plus folles de cet art, pour captiver l'amour & la fidélité de ses Sujets, lui qui par tant de rares qualités, de vertus, de talens, s'étoit concilié l'estime des Romains, la confiance de ses peuples & l'amitié des Sages.

Nous sommes aujourd'hui fort surpris que de telles absurdités ayent été respectées alors par les Princes, les Grands & les hommes instruits : nous avons tort : car comment en Egypte, dans la Grèce & à Rome, eut-on osé, dumoins publiquement, douter de la puissance de la magie qui étoit si intimement unie avec la religion ? C'eut été se déclarer impie que de refuser de croire à la force des évocations, au pouvoir des imprécations magiques sur les dieux de l'olympe & sur ceux des enfers. Mais que ces ridicules erreurs, que ces superstitions se soient conservées après qu'une philosophie plus saine & des dogmes plus purs ont pour toujours anéanti les divinités de l'Egypte, de la Grèce & de Rome ; voilà ce qui me prouve l'extrême folie des hommes & leur inconséquence.

Il n'y a personne qui ne sçache avec quelle fureur la magie a régné, jusques vers la fin du dernier siécle, dans la plûpart des cours européannes : tout le monde sçait aussi avec quelle monstrueuse bisarrerie elle a été mêlée aux plus augustes cérémonies : on se souvient de l'empire qu'elle exerça en France sous le trop mémorable règne de Catherine de Médicis, & dans quel abîme de crimes cette funeste science jetta cette Princesse, superstitieuse, cruelle, & vicieuse tour-à-tour ,,. Cette Reine coupable, dit Mezerai, s'étoit gâté l'esprit par ses curiosités impies ; elle avoit accoutumé de porter sur elle des caractères. On en garde encore qui sont marqués sur des parchemins déliés qu'on croit être de la peau d'un enfant mort né. Les esprits vains & légers se portoient facilement à suivre ses exemples : un Prêtre nommé Des Eschelles, exécuté en Grève pour avoir eu commerce avec les mauvais démons, accusa douze cens personnes du même crime". Je vois bien que sous Charles IX on comptoit dans Paris trente mille Citoyens occupés d'évocations, de charmes, de cérémonies magiques : mais je ne lis dans aucune chronique, que cette foule eut été ramassée dans la lie du peuple, qui redoutoit les Magiciens, & qui croyoit à leur puissance, sans oser s'élever jusqu'à leur art, ni assister à leurs opérations.

Depuis plusieurs années la magie étoit tombée en France dans le mépris & dans l'oubli, quand ranimant tous ses efforts, ses fureurs & ses crimes, elle y reparut tout-à-coup vers la fin du dernier siècle ; mais plus pernicieuse, plus cruelle, plus farouche qu'elle ne l'avoit été dans toutes les contrées, où jusqu'alors elle avoit tour à tour répandu son vénin, son audace & ses superstitions. Ce fut sous le régne brillant de Louis XIV, dans la cour la plus auguste de l'Europe, & du sein du peuple le plus doux & le plus éclairé de la terre, que l'on vit s'éléver une foule de monstres, qui sous prétexte de découvrir & d'annoncer aux Citoyens les événemens futurs, se jouoient de la crédulité du peuple & de la foiblesse des Grands, dont ils servoient les passions, & qu'ils aidoient, après les avoir égarés, à commettre toute sorte de crimes. On sçait jusqu'à quel dégré d'atrocité la Marquise de Brinvilliers porta sa fourberie; on sçait avec quelle rapidité la Voisin & la Vigoureux hâtèrent les progrès de la contagion. Ces deux femmes célébres par leurs forfaits, autant que par l'excès de leur impiété, grossissoient chaque jour la foule des prétendus dévins, qui n'étoient autre chose que des ministres de l'avidité forcenée de ces deux empoisonneuses. La religion trop longtems profanée implora le secours des loix: Louis XIV établit une chambre de justice pour poursuivre & punir cette foule sacrilége, dont toute la magie consistoit à éblouir les esprits foibles, à les enhardir au meurtre, & à leur fournir ensuite des poisons, ou des poignards. La Marquise de Brinvilliers, la Voisin, & la Vigoureux, furent arrêtées, & une multitude de personnes de tout rang, de tout âge, de tout sexe, furent enveloppées dans leurs crimes: les plus coupables expirèrent dans les supplices; quelques-uns se dérobèrent, par une prompte fuite, à la rigueur des châtimens; & avec eux la magie s'éxila de la France, où depuis elle n'a plus paru; mais où il reste encore, dans la plûpart des villes, & surtout dans les campagnes, un genre de superstition peu dangereux, absurde, si l'on veut, & trop méprisable en lui-même, pour qu'on doive le craindre; mais cependant assez puissant, assez actif, assez enraciné, pour l'accréditer de nouveau. Il reste enfin chez nous les mêmes préjugés qui ont rendu la magie si redoutable chez les Anciens, & qui lui donne encore une si grande autorité parmi les Islandois, les Norvègiens & les Lapons; car qui ne sçait que la sorcellerie est une des principales branches de la magie?

CHAPITRE XI.

De la Sorcellerie, des Sorciers, & des Sortilèges.

CE font des méchans bien stupides que ces Sorciers! ils n'ont qu'un seul moyen pour faire du mal, encore même ce moyen ne leur reussit pas toutes les fois qu'ils veulent l'employer. Quel métier cependant, quel art, quelle profession plus pénible, quelle condition plus dure que celle des Sorciers? Les malheureux se donnent des peines infinies; ils se tourmentent, ils s'agitent, ils font de perilleux voyages, ils rendent au démon l'hommage le plus insipide & le plus fatiguant; leur culte & leurs cérèmonies sont de la plus étrange grossiereté; leurs invocations ressemblent plus, dit-on, à des rugissemens, qu'à des prières articulées: emportés dans les airs par les tems les plus orageux, sur les appuis les plus fragiles, & prêts à chaque instant à se rompre le col; toujours dans l'épaisseur des ténèbres, dans l'infection du souffre, dans la puanteur des boucs, toujours dans l'indigence: & tout cela, pour faire peur à quelques esprits timides, à des vieilles, à des enfans, ou tout au plus, dans les grandes occasions, pour tacher d'obtenir du diable quelque prétendu maléfice, quelque brouillard empesté, quelques tonneaux de grêle, qui les font détester, & qui le plus souvent se terminent par les forcer d'aller ailleurs exercer leur chimérique puissance. Il y a du moins quelque chose de noble, un certain ton de dignité & de grandeur dans les fonctions des Magiciens & dans leurs cérémonies : mais dans la sorcèlerie, tout est mesquin, ignoble & bas ; aussi n'en voit-on guerre dans les villes. Cette sçience, qui ne donne ni de l'honneur ni des richesses, ne me semble guère attrayante. Pourquoi donc est-elle, ou la croit-on si puissante & si bonne à étudier ? C'est que dans tous les états on aime à être craint, on aime à dominer, à avoir de l'ascendant sur l'esprit de son voisin.

Il faut avouer cependant que la sorcèlerie a éprouvé bien des variations, & qu'elle a perdu beaucoup de son ancienne autorité. Ce n'est plus aujourd'hui qu'un art peu malfaisant, qui, par des invocations excessivement absurdes, emprunte, dans l'épaisseur des ténèbres, le secours & le ministère du diable. Autrefois c'étoit bien autre chose ; aussi la superstition donnoit-elle de la considération aux Sorciers, du moins extérieurement ; car, au fond, il me paroit que cette espèce a constamment été plus méprisée encore & plus avilie qu'elle ne s'est cru redoutée.

Orphée & Tirésias sont, si je ne me trompe, les premiers Sorciers que l'antiquité nous présente. Homère dans son *Odissée*, & Virgile dans son *Enéide*, nous apprennent que la principale fonction de ces deux Prêtres étoit d'évoquer les ames des enfers : mais on ne trouve point qu'ils aient eu aucune espèce de puissance sur les divinités du ciel. C'étoit à eux qu'il falloit s'adresser quand on se proposoit de consulter les morts. Or cette évocation par Pluton & les Parques, qu'étoit-elle autre chose qu'un acte de magie noire ou de sorcélerie ?

Il y avoit à Lacédémone beaucoup de Magiciens; mais il n'y avoit personne qui fût initié dans les mistères de la sorcélerie; & quand les Lacédémoniens voulurent, au rapport d'Elien, appaiser les manes de Pausanias qu'on avoit inhumainement fait mourir de faim dans un temple, ils furent obligés de faire venir des Sorciers d'Italie, pour chasser par leur cérémonies & leur évocations, le spectre du défunt. Cependant il me semble qu'il étoit fort inutile que les Lacédémoniens envoyassent si loin pour avoir des Sorciers, puisqu'il y en avoit alors tant dans la Thessalie, comme l'assure Pline, qu'en Italie *Thessalienne* & *Sorcière* étoient deux expressions sinonimes, deux mots qui désignoient également une femme formée dans le grand art de la sorcèlerie.

On sçait auffi que Médée fut la première qui, des extrêmités du Pont-Euxin apporta la forcèlerie en Grèce & dans la Theffalie. Sénèque croit & dit, mais fans le prouver, que ce fut Mycale, qui très-verfée dans cette fcience, y forma les Theffaliens. Héliodore Ecrivain toujours grave, mais non pas toujours vrai, dit que de fon tems il y avoit en Egypte un très-grand nombre de Sorciers & de Sorcières, très-méprifés par les Magiciens, fort déteftés par le peuple, & dont toute la fcience confiftoit à fervir d'un culte ridicule, des idoles qui leur étoient particulières, à errer pendant la nuit aux environs des cimetières, à exhumer les cadavres, à chercher & cueillir certaines herbes, auxquelles ils attribuoient quelques vertus malfaifantes ; à diriger enfin & à commettre quelques crimes obfcurs, ou à procurer, pour de l'argent, la jouiffance des fales plaifirs. Plutarque, Apollonius, & d'après eux, Erafme, ont parlé beaucoup auffi d'une vieille Aglatonice, Sorcière de Theffalie, fi célébre par fes maléfices & par fa haine contre les femmes, qu'elles la redoutoient infiniment, perfuadées qu'à fes ordres & par la force de fes conjurations, la lune defcendoit fur la terre ; à moins que par un bruit horrible de voix & d'inftrumens, on n'empêchât les paroles miftèrieufes de fes invocations de pénétrer jufqu'au ciel.

Cette erreur des Theffaliens fe répandit

de la Grèce en Italie, & de là dans tout l'univers. Comment après tant de siècles a-t'elle pénétré dans les forêts de l'Amérique, dans la Chine, au Japon & dans les Indes ? Je l'ignore, & je crois qu'il seroit très-difficile d'indiquer comment & dans quel tems cette communication a eu lieu. Je pense même qu'il est fort inutile de chercher à découvrir les traces de cette transmission, qui, vraisemblablement n'a jamais été faite, parce qu'il est très-naturel, que la terreur ait inspiré au fond de l'Amérique les mêmes cérémonies, les mêmes erreurs & les mêmes superstitions qu'elle a inspirées aux peuples de la Chine, aux Grecs & aux Européans ; à peu-près comme la crainte de périr & l'instinct de la conservation de soi-même inspirent aux cerfs de tous les pays, & qui n'ont jamais eu entr'eux aucune communication, les mêmes cris, les mêmes ruses, la même manière de fuir devant les chiens & les chasseurs. Quoiqu'il en soit, on a vû les Sauvages de l'Amérique & des Indes, le plus récemment découverts, observer, lors des éclipses de lune, exactement les mêmes cérémonies, que pratiquoient du tems d'Aglatonice les femmes de Thessalie. Ce que m'apprennent encore tous les Auteurs qui ont écrit sur les coutumes & les préjugés de nos peres, c'est que la même erreur a très-longtems subsisté dans le christianisme, en Europe, & même en France, où pendant les éclipses, on croyoit donner, à force de cris, de hurlemens & de bruit, du secours à la lune contre les malefices & les conjurations des Sorciers; tant il est vrai que rien ne peut arrêter ni détruire la superstition dont l'Empire est d'autant plus puissant, qu'il est fondé sur la terreur; passion antique, inséparable de la condition humaine depuis près de 50 siècles, & qui une fois introduite (voy. le chap. 3 pag. 33 & suiv.), a gagné de proche en proche, a pénétré dans tous les continens, a franchi toutes les mers, & qu'on trouve répandue aujourd'hui chez toutes les nations, accréditée, impérieuse dans toutes les parties du monde habité.

Les Romains, nation dévouée de tous les tems à la superstition, étoient, ainsi que je l'ai observé dans le chapitre précédent, pénétrés de respect pour les Magiciens, & croyoient très-fortement aussi à la sorcèlerie: cependant ils traitoient les Sorciers & les Sorcières avec un souvérain mépris; ils ne les bruloient pas à la vérité, comme on les a brûlés en France & en Allemagne; mais on les accabloit d'injures, on les tournoit en ridicule, le peuple les détestoit, les Littérateurs en rioient, & les Grands, à l'exception de quelques-uns qui pensoient comme le peuple, les regardoient comme une vile espèce. Voyez comme Horace se joue de leur science & de leur profession, dans ses vers satyriques sur l'horrible Canidie, qu'il peint fous les traits d'une vieille, jaloufe, méchante, furibonde, accariâtre, & toujours difposée à nuire, à faire du mal, & à tout entreprendre pour de l'argent; en un mot, telle à-peu près & tout auffi méprifable que ce que nous entendons chez nous par le mot de *vieille Sorcière*.

Mais, comment ces mêmes Romains, affez raifonables pour méprifer les Sorciers, étoient-ils affez foibles pour croire aveuglement aux fecrêts & aux opérations de la forcèlerie ? Par quelle inconféquence outragoient-ils les Sorciers & craignoient-ils les fortilèges ?

Tibule, dans une de fes Élégies, raconte qu'éperdument amoureux de la femme d'un jaloux, il eut recours à une fort habile Sorcière, qui après quelques conjurations & beaucoup de cérémonies, le fit jouir de fa maitreffe, fous les yeux même du mari, qui ne vit ni l'infidélité de fa femme, ni les attentats de l'amant. Ovide décrit auffi le facrifice funébre qu'on étoit tous les ans à Rome dans l'ufage de faire pour les morts à la Déeffe Taciturne, (*Dea Muta*). Environnée, dit-il, d'un effain de jeunes filles, une vieille Sorcière rempliffoit en cette occafion, les fonctions de Prêtreffe; elle prenoit de la main gauche, trois grains d'encens qu'elle alloit mettre miftérieufement dans un trou de fouris, auprès de la porte du temple; elle revenoit enfuite vers le fanctuaire, mais à reculons; &, les yeux fixés à terre, elle portoit à sa bouche sept fèves noires l'une après l'autre : en prenant la dernière de ces fèves magiques, elle colloit avec de la poix la tête d'un petit simulacre, qu'elle perçoit d'une aiguille d'airain ; & qu'elle alloit jetter dans un brasier couvert de feuilles de menthe. A la suite de ces opérations, la Vieille soulevoit un vase rempli d'excellent vin ; elle en répandoit quelques gouttes sur les feuilles ; en donnoit très-peu à boire aux jeunes filles, dont elle étoit environnée, & réservoit tout le reste pour elle : puis quand l'yvresse commençoit à s'emparer de ses sens, elle renvoyoit l'assemblée ; & chacun se retiroit, persuadé que par ce sortilège la Vieille venoit d'enchaîner la langue de la médisance & de la calomnie.

L'indulgence du Sénat, qui peut-être par un excès de crédulité, toléroit ces absurdités, enhardit les Sorciers, & bientôt à l'exemple des Magiciens, ils rendirent leur cérémonies plus nobles & plus imposantes : leur audace s'accrut à proportion de la crainte qu'ils étoient parvenus à inspirer au peuple : leurs assemblées furent plus mistérieuses, & ils s'y occuperent d'objets plus importans.

Ammien nous apprend que sous l'empire de Valens, on comptoit dans la classe très-nombreuse de Sorciers, quelques Philosophes & beaucoup de gens de qualité. Curieux de sçavoir quelle seroit la destinée de l'Empereur régnant, ils s'assemblerent pendant la nuit, raconte cet Historien, dans une des maisons affectées à leurs cérémonies. Ils commencerent par dresser un trèpié de racines & de rameaux de laurier, qu'ils consacrerent par d'horribles imprécations : sur ce trepié ils placerent un bassin formé de différens métaux, & il rangèrent au-tour, à distances égales, toutes les lettres de l'alphabet. Alors le Sorcier le plus sçavant de la compagnie s'avança, enveloppé d'un long voile, des feuilles de verveine à la main, & faisant à grands cris d'effroyables invocations, qu'il accompagnoit de convulsions hideuses : ensuite s'arrêtant tout-à-coup devant le bassin magique, il y resta immobile, & tenant un anneau suspendu par un fil. A-peine il achevoit de prononcer les paroles du dernier sortilège, qu'on vit le trèpié s'ébranler, l'anneau se remuer, s'agiter rapidement, & frapper tantôt sur une lettre, tantôt sur une autre. A mesure que ces lettres étoient ainsi frappées, elles alloient s'arranger d'elles-mêmes à côté l'une de l'autre, sur une table, & elles composérent de très-beaux vers héroïques, qui furent admirés de toute l'assemblée. Valens qu'on eut soin d'informer de cette opération, & qui n'aimoit pas qu'on interrogeât les enfers sur

sa

sa destinée, punit sévèrement les Grands & les Philosophes qui avoient assisté à cet acte de sorcèlerie : il étendit même, avec une atrocité sans exemple, la proscription sur tous les Philosophes & les Sorciers de Rome ; il en périt une étonnante multitude ; & les Grands dégoutés d'un art qui les exposoit à de si cruels supplices, abandonnerent la sorcèlerie à la populace & aux Vieilles, qui ne la firent plus servir qu'à de petites intrigues, à des vengeances obscures, à des maléfices particuliers & peu pernicieux.

Cette révolution fut l'époque de la décadence de la sorcèlerie : il est vrai que de tems en tems quelques Sorciers ambitieux tentérent d'usurper de la considération ; mais on les obligeoit de rentrer aussitôt dans leur première obscurité. Justinien décerna même des peines capitales contre ceux qui useroient de sortilèges pour faire du mal. Et Constantin, qui, malgré ses lumières, ne laissoit pas d'être fort superstitieux, n'ordonna-t'il pas (*l. 4 c. de malef.*) que ceux qui se serviroient de la sorcèlerie pour attenter à la vie des hommes ou à la pudeur des femmes, seroient punis ; mais qu'on ne feroit point des poursuites contre ceux qui employeroient cet art à guérir les malades, ou à détourner les vents, les tempêtes, la grêle, &c.

Pendant qu'à Rome & dans l'Empire on sévissoit avec tant de rigueur contre les sortilèges, cet art fleurissoit dans les Gaules, & surtout dans la Grande-Bretagne, où, comme l'observe Pline, les Druides l'avoient porté à sa plus grande perfection. Mais ces Druides si fameux n'étoient pas d'habiles Sorciers, ils ne sçavoient faire, encore fort mal adroitement, que quelques évocations, & toute leur puissance se bornoit à prier les esprits infernaux d'accourir à leur voix. Ce fut autrefois aussi toute la science des Sorciers Romains, Grecs, & Egyptiens : car, à l'exception d'Orphée, de Thésée, d'Hercule, d'Enée, & de quelques autres héros qui ont vû face-à-face le Prince des ténèbres, l'antiquité ne nous indique aucun lieu de rendez-vous où se tinssent les conférences entre le diable & les Sorciers. Aucun ancien Démonographe ne fait mention de ces assemblées nocturnes, connues parmi nous sous le nom de *Sabat*.

Il n'y a que peu de siècles que la superstition a inventé ces entretiens nocturnes, ce sabat où se commettent tant d'abominations, tant de crimes, où il y a tant de débordemens ; où les démons s'unissent si vilainement à de Vieilles fort hideuses, où les incubes & les succubes oubliant la différence des deux sexes, se prostituent les uns aux autres avec tant de brutalité ; où règne enfin tant de confusion, tant de bétife, tant d'horreur.

On peut dire, à l'honneur des Ecrivains françois, que parmi eux un feul a cru férieufement à la forcèlerie & à tous les récits de la fuperftition au fujet du fabat. C'eft le Sçavant Bodin, qui ne fe contente pas d'ajouter foi à ces imbéciles récits ; mais qui trouve mauvais & fort impie qu'on ne veuille pas croire qu'il y a une prodigieufe quantité de Sorciers, qui vont réellement au fabat, & qui par la vertu de leurs fortilèges, & le pouvoir infernal qu'ils ont reçu du diable, quand il leur a imprimé la marque de forcèlerie, opèrent des chofes furprenantes, font pleuvoir, tonner & grêler, enforcèlent, envoyent & le diable & la mort à quiconque leur déplait ou les offenfe, & mille autres rêveries, mille autres puérilités de ce genre, qu'il a gravement inférées dans fon très-extraordinaire traité de la *Démonomanie*.

Cette opinion de Bodin, & qui lui fait fi peu d'honneur, étoit auffi le préjugé de bien des gens en France, où l'on crut que le plus fûr moyen d'empêcher les Sorciers de fe rendre au fabat, étoit d'en exterminer l'efpèce. L'expédient étoit cruel, il fut mis en ufage avec une barbarie qui fait frémir l'humanité. Quiconque étoit foupçonné de forcèlerie, étoit enveloppé dans la proscription : une étonnante multitude de malheureux, qui n'avoient jamais vû le diable, & qui n'avoient jamais fait aucun pacte avec lui, expièrent dans les tourmens le malheur d'être nés dans un siécle de fanatisme & de superstition.

L'Angleterre gémissoit sous le joug de la même erreur : deux factions (car tout est faction dans cette Isle) y divisoient les cœurs & les opinions : les uns, &, graces à la raison, leur opinion a prévalu, soutenoient que la sorcèlerie étoit une chimère, & les Sorciers, des malheureux qu'il falloit plaindre, detromper & guérir. Les autres prétendoient qu'il falloit les enchaîner, & les faire périr sur l'échaffaud, ou dans les flammes. Scott, Littérateur célèbre & profond Mathématicien, prouva l'insuffisance de la sorcèlerie, la puérilité des sortilèges, le mépris & l'indifférence que les Sorciers méritoient du public. Jacques I., qui connoissoit tout aussi peu l'art de la sorcèlerie que celui de bien gouverner, écrivit contre Scott un traité de Démonologie, dans lequel il prétendit prouver la puissance de la magie noire & le pouvoir surnaturel des Sorciers. Cette dispute ne produisit dans la Grande-Brétagne que quelques écrits polémiques ; tandis qu'en France les bourreaux ne pouvoient suffire au nombre de victimes qu'on leur donnoit à immoler.

On se trompoit en Angleterre, on se trompoit en France. Les Sorciers sont de mauvais citoyens qui méritent d'être punis, mais non pas d'être brûlés. La sorcèlerie en elle même n'est rien; mais comme elle peut devenir très-dangereuse, par cela même que la superstition la croit pernicieuse; c'est déjà un crime punissable que celui de profiter de la foiblesse des petits esprits, dans la vûe de leur faire du mal; parceque l'imagination allarmée suffit pour produire réellement tous les effets pernicieux que l'on suppose pouvoir être opérés par la force des sortilèges. Ainsi, s'il existe des gens assés grossièrement stupides pour se persuader qu'en faisant quelque pacte avec le démon, ils pourront faire du mal, se rendre redoutables, profiter de la terreur qu'ils auront inspirée, & s'ils agissent conséquemment à leur erreur; ce sont des citoyens malfaisans, dont il faut délivrer la société, soit en les enchaînant, soit en les obligeant à renoncer au vice de leur ame.

Ceux qui ont voyagé en Laponie, sçavent bien qu'il n'y a pas de Sorciers dans ce pays, non plus qu'ailleurs: cependant il n'y a point de Voyageur qui n'ait été frappé des sinistres effets qu'opère sur l'esprit des Lapons la crainte des Sorciers, & de la grande autorité de ceux-ci sur leurs compatriotes. M. Scheffer donne une description très-curieuse de leurs opérations magiques « Ils se servent, dit-il, pour faire leurs sortilèges, d'un tambour fait d'un tronc de pin, & d'une seule pièce, couvert d'une peau de rhenne, ornée de quantité de figures peintes grossièrement, d'où pendent plusieurs anneaux de cuivre & quelques morceaux d'os de rhenne. Quand le Sorcier veut interroger son tambour, c'est-à-dire, s'en servir pour consulter le diable, il se met à genoux, ainsi que tous ceux qui l'entourent ; il commence par frapper doucement sur le tambour avec un os de rhenne, en traçant avec cette baguette une ligne circulaire ; & en faisant, à voix basse, ses invocations : ensuite s'animant par dégrés, rédoublant & ses cris & ses coups, il frappe avec violence, pousse des hurlemens affreux, s'agite, se tourmente, écume ; son visage blême & hideux devient bleu, ses cheveux se hérissent : excédé de fatigue il tombe enfin en pamoison, & reste quelque tems immobile & la face contre terre. Lorsque le paroxisme est passé, il se relève, croit avoir vû le diable, & rend compte à l'assemblée de l'entretien qu'il a eu avec lui.

Ces Sorciers ont encore un autre sortilège qu'on regarde comme le plus terrible des maléfices, & qu'ils nomment le *tyre*. Ce tyre est une fort petite boule faite du duvet de quelque animal. Ils envoyent, disent-ils, cette boule où ils veulent, à plus ou moins de dix tance, suivant l'étendue du pouvoir du Sorcier. Ils croyent qu'elle porte inévitablement la mort à tout ce qu'elle frappe. S'il arrive que ce soit un homme ou un animal, elle le tue aussitôt, & revient à celui qui l'a envoyée : au-reste, elle roule dans l'air avec tant de vitesse, qu'il n'est pas possible de l'appercevoir ; on voit seulement une petite trace bleue qu'elle laisse sur son passage ; mais si celui à qui le tyre est envoyé, est plus habile Sorcier que son ennemi, il le lui renvoye, sans en être frappé, & le premier Sorcier expire de la même mort qu'il a voulu donner.

Voilà quels sont les préjugés des stupides Lapons, & à quoi se réduit tout l'art de leurs Sorciers. Les notres me paroissent bien plus habiles & plus féconds en sortiléges. Je dis les nôtres, parcequ'il est très-vrai que cette superstition régne encore dans nos campagnes, où elle continuera d'allarmer l'imagination des paysans & des villageois, jusqu'à ce qu'aulieu d'inspirer de l'indignation contre ceux qui se disent Sorciers, & de les condamner à des peines capitales, on ait employé le seul remède raisonnable & salutaire pour extirper toute apparence, tout vestige de sorcèlerie. Ce remède est bien simple ; c'est de persuader au peuple que sa crédulité fait toute la science des Sorciers qui ne peuvent rien, qui ne reçoivent aucune vertu du démon; que l'on peut braver impunément, eux & leurs fortiléges, leurs maléfices & les effets de leurs pactes : enfin qu'il n'y a nulle part, & qu'il n'y eut jamais de fabat. Cette vérité une fois bien établie, toute l'autorité des Sorciers feroit ruinée; ils ne feroient plus craints; & l'imagition de ceux à qui ils voudroient nuire, ne leur fourniffant pas les moyens de faire du mal, on n'entendroit pas plus parler de fortiléges & de Sorciers dans nos villages, qu'on en entend parler en Hollande, à Génève, à Paris, à Londres, &c., où perfonne n'ajoutant foi à ces fuperftitions, perfonne auffi n'y eft foupçonné d'aller au fabat, ou de faire du mal en prononçant quelques mots inintelligibles. Alors il ne refteroit plus des anciens préjugés populaires que quelques puériles enchantemens, quelques fonges frivoles, & quelques impuiffans fantômes, fpectres ou revenans.

CHAPITRE XII.

Des Enchantemens.

C'EST de tous les empires le plus despotique sans doute que celui de l'imagination. Que de biens, que de maux, que de plaisirs & de tourmens elle procure à l'homme ! C'est elle, c'est son effervescence qui crée la magie, qui fait les sortilèges, les maléfices & les enchantemens ; & ces enchantemens, ces illusions, ces rêves, elle les réalise, & leur donne une force, un poids & une autorité qui entrainent la raison, qui accablent les sens, qui abbatent le cœur, qui troublent l'ame, engourdissent, enchaînent toutes ses facultés, & changent visiblement le cours de la nature aux yeux de ceux qui se sont une fois persuadés qu'elle est bouleversée, ou dumoins qu'elle peut l'être. C'est, en un mot, cette puissante enchanteresse, cette ardente imagination, qui tour-à-tour irrite, enflamme & calme les passions, qui inspire à l'esprit les idées effrayantes, les terreurs paniques, les craintes & les puérilités de la superstition, les frissons de la peur, les séductions de l'espérance, le flegme & l'héroïsme du sang froid & de la valeur : c'est elle qui dérange les fibres des cerveaux foibles, ou mal organisés, & qui, même dans un corps sain, allume par dégrés le feu brûlant de la fièvre, les transports du délire, qui lui fait ressentir les douleurs des plus cruelles maladies & les horreurs du desespoir.

Ce fut aussi l'imagination qui changea autrefois le culte en imposture, des cérémonies très-simples en opérations magiques, les prières de la réconnoissance en blasphèmes, les vœux de l'humble confiance en invocations aux enfers, en imprécations contre les dieux, & en enchantemens. Et si la même cause subsiste dans toute sa force depuis près de six mille ans, ne seroit-il pas étonnant que les mêmes effets ne subsistassent pas aussi ?

Les Égyptiens couronnoient autrefois les têtes d'Isis & d'Osiris de feuillage, d'herbes, ou de plantes, symboles de l'abondance des moissons qu'ils avoient recueillies; & les Prêtres prononçoient des prières de remerciment devant ces statues ainsi couronnées. Les Egyptiens perdirent insensiblement le souvenir du motif respectable de cette institution, & ils prirent, observe M. Pluche, « l'idée de l'union de certaines plantes & de quelques paroles devenues surannées & inintelligibles, pour des pratiques mystérieuses éprouvées par leurs peres. Ils en firent une collection & un art par lequel ils prétendoient pourvoir presque infailliblement à tous leurs besoins. L'union qu'on faisoit de telle ou de telle formule antique avec tel ou tel feuillage arrangé sur la tête d'Isis, autour d'un croissant de lune ou d'une étoile, introduisit cette opinion insensée, qu'avec certaines herbes & certaines paroles on pouvoit faire descendre du ciel en terre la lune & les étoiles. Enfin la connoissance de plusieurs simples, utiles ou malfaisans vint au secours de ces invocations, & les succès de la médecine ou de la science des poisons, aidèrent à mettre en vogue les chimères de la magie & des enchantemens ». Ceux qui furent introduits par la médecine furent les amulètes, les talismans, les phylactères, certaines pierres précieuses, des os de mort, des préparations superstitieuses de végétaux, c'est-à-dire, des phyltres, & toujours, ou presque toujours, des mots barbares que l'on portoit écrits sur soi.

Après les Prêtres Egyptiens, Perses, Grecs & Romains, les Poëtes furent ceux qui par leurs fictions & les récits enthousiastes des grands événemens & des prodiges dont ils entretenoient le peuple, contribuerent le plus aux progrès & à la durée de cette superstition. Il est vrai que les enchantemens qu'ils racontoient, étoient fort séduisans, & qu'il eut été bien difficile de se refuser au desir de les croire réels. Ce n'est pas toutefois que dans le nombre de ces charmes tant célébrés par les anciens Poëtes, il n'y en eut plusieurs qui ne fussent très-nuisibles & d'une grande attrocité; tel, par exemple, fut ce tison enchanté que les Parques jetterent au feu chez Althée, quand elle eut accouché de Méléagre, tison fatal, & qui,

. . . . postquam carmine dicto
Excessere Deæ,

devint la mesure trop courte des jours de Méléagre. Tels ont encore été les noirs enchantemens de Médée, qui farouche & barbare, comme dit le Poëte,

Per tumulos errat passis discincta capillis,
Certaque de tepidis colligit ossa rogis.
Devovet absentes; simulacraque cerea fingit,
Et miserum tenues in jecur urget acus.

Ils font trop effrayans, trop cruels ces enchantemens. Une plus ravissante image vient fixer mes regards, & pénétrer mon cœur d'une émotion voluptueuse; c'est la description de cette brillante ceinture de la Reine d'Amathonte, de ce tissu charmant qui inspiroit aux dieux un amour éperdu, & aux hommes la fureur & les transports du suprême plaisir; de ce tissu qui renfermoit dans ses nœuds séducteurs la vertu des sorts, des phyltres & des caractères. Elle avoit tant de puissance cette précieuse ceinture, elle étoit si éblouissante, que l'acariâtre Junon, qui s'en étoit parée, embrasa de la plus vive ardeur le cœur de son époux. Il ne put, dit Homère, contenir plus longtems la violence de ses feux; le somet du mont Ida lui servit de couche nuptiale; & brulant de désirs, dans le sein même des délices, entrainé par la fougue de ses amoureux transports, au milieu de son yvresse, il s'écria, que jamais dans les bras des beautés qu'il avoit ravies, des amantes chéries qui l'avoient idolatré, il n'avoit ressenti autant de volupté qu'il en goutoit dans cet instant sur le sein de son épouse. Quel charme aussi & quel enchantement que celui de Jupiter, quand, pour jouir de la belle Léda, il parut à ses yeux sous la forme d'un cigne, ou quand, changé en fier taureau, il enleva la jeune Europe!

Pourquoi les récits de ces charmes plaisent-ils moins aux hommes, que les récits des maléfices attribués aux dieux? On ne lit nulle part que personne ait ajouté beaucoup de foi aux enchantemens officieux; mais on a constamment imité ceux que l'on a cru nuisibles. Le tison de la Parque, les simulacres de Médée ont été, dans tous les tems, & chez toutes les nations, les grands modèles des Enchanteurs. Un Empereur fort éclairé, très-sage, & dont je voudrois bien pouvoir me dispenser de citer les foiblesses, Marc-Aurèle consacra une statue enchantée qu'il fit enterrer, suivant l'usage, après beaucoup de conjurations; parcequ'il pensoit, ainsi que la plûpart des Romains de son tems, que ces sortes de statues enchaînoient les ennemis, arrêtés par la force du charme, & hors d'état de passer au-delà des lieux où elles étoient enterrées. Plutarque aussi raconte que Crassus ayant méprisé la défence qu'un Tribun lui avoit faite de s'éloigner de Rome, le Tribun irrité courut placer devant la porte par où Crassus devoit sortir, un réchaud plein de feu, sur lequel, aussitôt quil apperçut Crassus, il jetta des parfums, en prononçant des imprécations horribles, épouvantables, & invoquant des dieux barbares, dont les noms seuls remplissoient de terreur. Ces imprécations, continue Plutarque, sont si formidables, que rien ne peut mettre celui contre qui elles sont prononcées, à l'abri des funestes effets de l'enchantement; & dés cet instant l'Enchanteur lui-même est, & ne cesse plus d'être jusqu'à la mort, le plus malheureux des hommes : aussi ne se sert-on de cet enchantement que dans les circonstances les plus désespérées, dans les plus grandes occasions".

Les simulacres de bois, de pâte ou de cire, & qui ressemblent si fort à ceux de Médée, ont été toujours employés avec les mêmes cérémonies qui furent observées par Médée, & qu'Ovide a décrites dans les quatre vers que je viens de rapporter. Le Journaliste d'Henri III raconte qu'*à Paris furent faites par les Ligueurs force images de cire qu'ils tenoient sur l'autel, & les picquoient à chacune des quarante messes, qu'ils faisoient dire durant les quarante heures en plusieurs paroisses de Paris ; & à la quarantième picquoient l'image à l'endroit du cœur, disans à chaque picqueure quelque parole de magie, pour essayer à faire mourir le Roi. Aux processions pareillement, & pour le même effet, ils portoient certains cierges magiques qu'ils appelloient par mocquerie, cierges benits, qu'ils faisoient esteindre aux lieux où ils alloient, disans je ne sçais quelles paroles que les Sorciers leur avoient apprises.* La fureur, la haine & la rage des Ligueurs contre Henri III, les avoient bien aveuglés dans l'exercice de leurs superstitions, puisqu'ils avoient négligé les cérèmonies les plus essentielles dans ces sortes de consécrations : elles sont exactement rapportées par M. Lancelot (Mémoires de l'Académie des Belles-Lettres) dans le compte qu'il rend d'un procès fait, sous Philippe de Valois, contre Robert d'Artois & son épouse, convaincus l'un & l'autre d'avoir usé d'enchantement contre le Roi & la Reine. Robert, est-il dit dans le récit de cette procédure, envoya chercher frere Henri Sagebrand, de l'Ordre de la Trinité ; & après lui avoir fait promettre, par les plus forts fermens, un secret inviolable, Robert lui montra *une image de cire, enveloppée en un querrechief crespé, laquelle image estoit à la semblance d'une figure de jeune homme, & estoit bien de la longueur d'un pied & demi. Et si le vit bien clérément frere Henri par le querrechief qui estoit moult deliez, & avoit entour le chief semblance de cheveux aussi comme d'un jeune homme qui porte chief. N'y touchiez, frere Henri, dit Robert; il est tout fait, i cestui est tout baptisiez; l'en le m'a envoyé de France tout fait, & tout baptisiez. Il n'y faut rien à cestui, & est fait contre Jehan de France & en son nom & pour le gréver ? Mais je en vouldroye un autre qu'il fust baptisié. C'est contre une dealbesse; contre la Royne. Si vous prie que vous me le baptisiez, quar il est tout fait; il n'y faut que le baptesme : je ai tout prêt les parains & les marraines, & quant que il y a metier, fors le baptisement. Il n'y faut à faire fors aussi comme à un enfant baptisier, & dire les noms qui y appartiennent, &c.*

Le patriotisme & la philosophie semblent avoir banni pour jamais de la France la fureur de cette superstition, & l'atrocité de cette espèce d'enchantemens. Ce n'est pas toutesfois que dans la plûpart des bourgs & des villages on ne croye encore tout aussi fortement que sous Philippe & Henry III,

à

à la vertu des charmes : ce sont des enchantemens d'une tout autre nature, aussi anciens, mais beaucoup moins cruels & moins affreux que ceux des simulacres de Médée. Ce sont précisément ceux auxquels on croyoit du tems de Pline, & dont on accusa, dit-il, Furius Cresinus, qui par la force de ses enchantemens, faisoit passer dans ses terres les recoltes de ses voisins. Le même Auteur, le sage & raisonnable Pline, assure d'un ton persuadé, que de son tems il y avoit en Afrique des Enchanteurs, qui d'un simple regard, portoient la mort & la désolation : hommes, femmes, enfans, tout languissoit, tout périssoit sous leurs yeux exterminateurs ; les maisons s'écrouloient, toute végétation cessoit, les fleurs, les fruits, les plantes, se desséchoient. Les Triballes, dit toujours ce sçavant & très-crédule Auteur, les Triballes en Bulgarie, ont des yeux tout aussi meurtriers. C'est bien autre chose en Scytie, où les femmes, plus terribles encore, ont deux prunelles à chaque œil ; en sorte que l'effet de leur enchantement est deux fois plus rapide & deux fois plus funeste que les regards des Africains & des Triballes. Didime, le Philosophe le moins superstitieux de son siècle, & Philarche, dissertateur fort grave, & surtout rempli de bon sens, racontent à-peu-près les mêmes faits. Didime assure même avoir connu des familles entières d'Enchanteurs, dont l'halleine empeſtée tuoit quiconque avoit le malheur de les approcher de trop près. Les Romains, du tems d'Auguſte, croyoient ſi fortement auſſi à la vertu des charmes & des regards empoiſonneurs, que Virgile dans ſes Eglogues, fait dire à un berger,

Neſcio quis teneros oculus mihi faſcinat agnos.

Un Auteur à l'abri de tout ſoupçon de préjugé, de foibleſſe d'eſprit, & qui, à quelqnes erreurs près, eſt regardé comme infaillible, n'a-t'il pas dit également quelque part dans ſes ouvrages, qu'il n'eſt pas éloigné de croire à la malignité des Enchanteurs *oculaires* ? On en eſt beaucoup moins éloigné en Perſe, en Turquie, en Grèce, en Arabie. Le Voyageur Dumont raconte, à ce ſujet, des choſes étonnantes. Ici, dit-il, la puiſſance des Enchanteurs eſt telle, que pour ſe garantir de leurs homicides regards, chaque particulier eſt dans l'uſage de placer ſur la porte de ſa maiſon de petites ſtatues de cire, qu'on croit très-propres à détruire la force des enchantemens, & à intercepter tout magique vénin.

Il y a une autre eſpèce d'Enchanteurs bien plus terribles, bien plus pernicieux; on leur donne le nom d'*Empoiſonneurs par éloge*; parceque tous ceux qu'ils flattent, & qu'ils louent, pour ſi peu qu'ils en diſent du bien, tombent & meurent auſſi-tôt; à moins que celui auquel la louange est adressée, ne réponde en même tems: *Dieu me le conserve;* car dans tout l'Orient il est démontré que ces mots sont l'infaillible antidote du vénin distillé par ces sortes de panégyristes.

Et en Espagne, où, comme tout le monde sçait, il y a presque autant de Moines que d'habitans, & où par conséquent, il nedoit y avoir qu'une certaine mesure de superstition; quelqu'un oseroit-il dire devant le St. Office, qu'il n'y a point d'enchantemens? On y croit à la sorcellerie, aux Enchanteurs, aux charmes; & cette opinion n'est rien moins qu'arbitraire; c'est une vérité constante, établie & confirmée par une quantité prodigieuse de Moines éclairés & de femmes dociles aux instructions de ces sçavans Religieux. Plusieurs d'entr'eux assurent qu'il y a des Espagnols dont les yeux sont empoisoneurs. Les preuves qu'on en rapporte, sont si multipliées, que je ne finirois pas si je voulois m'y arrêter. Un Espagnol, dit l'Auteur que j'ai cité (M. Dumont, liv. 3), avoit l'œil si malin, que regardant fixément les fenêtres d'une maison, il en cassoit tout le verre. Un autre, même sans y songer, tuoit tous ceux sur qui sa vue s'arrêtoit : le Roi en étant informé, fit venir ce terrible Enchanteur, & lui ordonna de regarder quelques criminels condamnés au dernier suplice. L'Empoisonneur obéit, & les criminels expirèrent à mesure qu'il les fixa. Un troisième faisoit assembler dans un champ toutes les poules des environs, & celle qu'on lui désignoit, il ne faisoit que la fixer & elle n'étoit plus. Un quatrième... mais c'est assez rapporter des exemples; qu'il suffise au Lecteur de sçavoir qu'il faut bien qu'il y ait des Enchanteurs & des enchantemens, puisque tant d'Auteurs respectables le croient, puisque tant de bonnes gens l'attestent.

Que conclure de ces faits, ou si l'on veut, de ces contes? Bien des choses. D'abord, qu'en Espagne, il y a peu d'années, on pensoit encore à cet égard, comme on pense en Turquie, quoiqu'il y ait en Espagne beaucoup plus de Docteurs, qu'il n'y a de Derviches & de Kalenders chez les Turcs. On peut en conclure aussi qu'en Perse, chez les Grecs, en Arabie, &c, on a des Enchanteurs exactement la même idée qu'on en avoit en France, il y a deux siécles, & que même actuellement on en a dans les villages, où les charmes ne cessent point d'opérer sur les troupeaux, les paturages, les moissons, & souvent sur les Laboureurs. Enfin je conclurai que peut être il y a, comme je l'examinerai dans la suite, quelque chose d'utile dans cette superstition, puisqu'elle est si ancienne, puisqu'elle est si fortement accréditée chez tous les peuples, policés ou sauvages, stupides ou instruits.

CHAPITRE XIII.

Des Songes.

QUE les hommes sont foux, qu'ils sont inconséquens ! Pourquoi vont-ils, à si grands frais, interroger les astres, calculer leurs différens aspects, faire des pactes sacriléges, appeller, à grands cris, les puissances infernales, évoquer, implorer les démons & les morts ? Il y a tant de moyens de connoitre l'avenir, sans recourir aux pénibles calculs de l'astrologie, ni aux atrocités de la magie noire. Pourquoi donc recourir à de si ténébreuses voyes, lorsque, sans soins, sans étude, on peut, même sans qu'on y pense, contenter ses curieux désirs, satisfaire ses vœux ? Il est si doux, il est & si flatteur & si peu fatiguant d'apprendre l'avenir par les songes, de voir distinctement, pendant qu'on est enséveli dans le sommeil, passer devant soi la chaîne des événemens futurs, que je ne comprends point par quelle bisarrerie on a mis en usage des moyens plus pénibles. Faut-il donc tant de science, faut-il faire tant d'efforts de génie pour prévoir, sans erreur, ce qui arrivera ? Non très-certainement, puisqu'il suffit de dormir, & de se souvenir, quand on est éveillé, des songes qu'on a eus. A l'égard de leur explication, elle est fort simple, & d'autant plus facile, qu'elle est toute arbitraire, quoiqu'en disent les Interprêtes de l'orinocritique : car, à quelques songes près, les rêves signifient tout ce qu'on veut qu'ils représentent, comme l'a observé Porphyre, qui croyoit fortement aux songes, mais qui croyoit plus fortement encore qu'il falloit constamment les expliquer en sa faveur.

La respectable antiquité, (car en matière d'erreurs, de préjugés, de superstitions, on ne sçauroit parler d'elle avec trop de vénération); l'antiquité eut, dis-je, tant de confiance aux songes, qu'elle en fit tout autant de dieux, auxquels elle érigea des temples, où Morphée, Jule & Phantase, Ministres des dieux-songes, venoient toutes les nuits dévoiler l'avenir aux crédules dormeurs. Pausanias a fait, d'après sa propre expérience, une description fort exacte de la manière dont on préparoit ceux qui désiroient d'avoir des songes dans l'antre de Trophonius. Quoique très singulière, cette description nous fait connoître jusqu'à quel dégré de complaisance & de simplicité les Anciens cultivoient cette branche de divination. « Le Dévot commençoit, dit Pausanias, par passer plusieurs jours dans le temple de la bonne Fortune & du bon Génie. C'étoit là qu'il faisoit ses expiations, observant d'aller deux fois par jour se laver dans le fleuve Hircinas. Quand les Prêtres le déclaroient suffisamment purifié, il immoloit au dieu une très-grande quantité de victimes, & cette cérémonie finissoit ordinairement par le sacrifice d'un belier noir. Alors le curieux étoit froté d'huile par deux jeunes enfans, & conduit à la source du fleuve, où on lui présentoit une coupe d'eau de Lethé, qui bannissoit de l'esprit toute idée profane, & une coupe d'eau de Mnemosine, qui disposoit la mémoire à conserver le souvenir de ce qui alloit se passer. Les Prêtres découvroient ensuite la statue de Trophonius, devant laquelle il falloit s'incliner & prier ! enfin couvert d'une tunique de lin, & le front ceint de bandelettes, on alloit à l'oracle. Voilà bien des cérémonies : ce n'étoit rien encore auprès de celles qui restoient à faire. L'oracle étoit placé sur une montagne au milieu d'une enceinte de pierres, & cette enceinte cachoit une profonde caverne, où l'on ne pouvoit descendre que par une étroite ouverture. Quand, après beaucoup d'efforts, & à l'aide de quelques échelles, on avoit eu le bonheur de descendre, sans se rompre le col, il falloit passer encore, de la même manière, dans une seconde caverne, petite & très-obscure. Là, il n'étoit plus question d'échelles, ni de guides. On s'étendoit sur le dos,

& surtout on n'oublioit pas de prendre dans ses mains une espèce de pâte faite avec de la farine, du lait & du miel : on présentoit ses pieds à un trou qui étoit au milieu de la caverne ; & dans le même instant on se sentoit rapidement emporté dans l'antre, ou couché sur des peaux de victimes récemment sacrifiées, & enduites de certaines drogues, dont les Prêtres seuls connoissoient la vertu, on ne tardoit pas à s'endormir profondement : c'etoit alors qu'on avoit d'admirables visions, & que les tems & les évenemens futurs découvroient tous leurs secrets ».

Ceux qui vouloient avoir des songes prophétiques, sans se donner la peine de les faire interpréter, alloient à cet antre célébre ; mais le plus grand nombre se contentoit de rendre compte des songes aux Dévins, qui les interprétoient suivant l'infaillibilité des principes de l'orinocritique. Il n'étoit guère possible que ces interprêtes tombassent dans l'erreur, pour si peu que celui qui les interrogeoit, fut exact dans son récit. L'art orinocritique avoit prévu tous les cas, toutes les visions, toutes les espèces de songes ; espèces qui, suivant Macrobe, sont au nombre de cinq ; les songes, les visions, les oracles, les insomnies, les fantômes. Les visions & les oracles, dit le même Ecrivain, sont les deux espèces les plus respectées, & celles sous lesquelles les Anciens ont cru qu'il y avoit quelque chose de caché & d'essentiellement divin. Mais il me semble que Macrobe se trompe étrangement. Les Anciens regardoient les fantômes vûs & entendus en dormant, comme la première espèce de songes, la plus intelligible, la plus prophétique de toutes, & la moins susceptible de diverses interprétations.

Quoiqu'il en soit, les songes quels qu'ils fussent, étoient censés venir des dieux, & ils faisoient toujours sur les esprits la plus forte impression. On sçait qu'elle fut la douleur d'Alexandre, quand il eut égorgé Clytus; on sçait que renonçant à la clarté du jour, & renfermé dans son palais, il s'y livroit à l'amertume de ses remords, à la honte de son crime, & à l'excès de son chagrin. Il ne vouloit ni voir, ni écouter personne, dit Plutarque; la vie lui étoit à charge, & il se proposoit d'en terminer le cours, quand le Dévin Aristandre s'approchant du fils de Philippe, le fit ressouvenir d'un songe qui lui avoit prédit, il y avoit plusieurs années, le meurtre de Clytus. Au souvenir de ce songe, Alexandre cessa de gémir, le calme rentra dans son ame, & ce que n'avoient pu obtenir de son esprit abbatu les pleurs de ses courtisans, ni les soins de l'Empire, fut l'ouvrage d'un songe rappellé à propos. C'étoit ce même Aristandre qui avoit eu la gloire de fixer l'incertitude de Philippe, au sujet d'un songe bien plus inquiétant. Philippe, quelques jours après son mariage avec Olympie, songea que malgré les larmes de sa jeune épouse, il lui scéloit d'un cachet la porte des plaisirs, & qu'un lion énorme étoit gravé sur le cachet. Philippe allarmé de ce songe, le prit d'abord pour un avis que les dieux lui donnoient des outrages qu'Olympie feroit un jour à la foi conjugale; ses Courtisans, suivant l'usage, pensèrent comme lui, & c'en étoit fait peut-être de la liberté de la Reine, si Aristandre n'eut déclaré au Prince que les dieux l'informoient par ce songe, de la grossesse de sa femme; explication hardie, mais qui heureusement fut bientôt justifiée.

L'autorité des songes étoit telle chez les Grecs, que les Philosophes pouvoient parler fort librement des dieux, pourvû qu'ils fussent très réservés sur l'article des songes, qu'il falloit respecter comme les grands messagers du destin. Artémidore se rendit très-célébre sous Antonin le Pieux, par son habileté à expliquer les songes, & il laissa plusieurs écrits sur cette matière, dans lesquels on trouve tous les principes, toutes les règles & toutes les décisions de l'art orinocritique. Il fit de grandes découvertes dans cette science, qui, graces à ses soins, ne parut plus avoir rien douteux: ce fut lui, qui, après bien des récherches, décida le premier que quand un voyageur songe qu'il a perdu la clef de sa maison, c'est un signe assuré que quelque suborneur est dans les bras de sa fille. Toutefois, Artémidore, malgré le succès éclattant de ses ouvrages, ne fit point oublier les grands hommes qui avant lui, avoient écrit sur l'orinocritique : tels étoient Artémon de Milet, Démétrius de Phalère, Apollodore, Cratippe, Aristandre, Dénis de Rhodes, Apollonius, Epicharmis, Straton, & une foule d'autres que je ne nomme point, mais dont le poids & le grand nombre prouvent combien on comptoit autrefois sur les songes pour connoitre l'avenir.

On n'y compte plus aujourd'hui, ou pour parler avec plus de justesse, on feint de ne plus compter sur les songes : je croirai même, si l'on veut, que très-peu de gens éclairés voudroient se charger de défendre cette ridicule doctrine : je sçais enfin que chacun veut que l'on croie de lui qu'il méprise les songes : mais combien y en a t'il sur qui ces mêmes illusions ne fassent pas la plus forte impression ? A cet égard, ainsi qu'à beaucoup d'autres, nous voulons paroitre plus sensés, mieux instruits, plus philosophes que les Anciens, & nous sommes pourtant tout aussi superstitieux, mais beaucoup plus vains qu'eux. A qui arrive-t'il quelqu'accident facheux, quelque finistre événement, qui ne lui ait été annoncé par un songe ? Quelle femme a perdu son chien ou son époux, son bracelet ou son fils, son argent ou sa fille, que quelques jours auparavant, elle n'ait été agitée par un songe allarmant ? La médisance & la frivolité épuisées dans la plûpart des cercles subalternes, de quoi s'entretient-on ? n'est-ce pas de l'inquiétude qu'a causé quelque pénible rêve ? On est très-fort persuadé que les songes ne sont que des illusions ; on est bien éloigné de leur donner la plus légére créance ; cependant on ne laisse pas d'avoir la tête embarrassée de celui qu'on a eu ; il étoit si singulièrement caractérisé ; les circonstances qui l'ont accompagné, étoient si exactement conformes à ce qui est arrivé depuis, qu'on seroit presque tenté d'ajouter quelque foi aux songes, &c.

Le peuple, moins ambitieux de paroitre ce qu'il n'est pas, avoue ingénument ses préjugés, ses foiblesses & ses superstitions. Il croit aux songes ; il le dit, & met sans balancer, dans la nombreuse classe des esprits forts, des incrédules, quiconque refuse d'y croire. Aussi n'aurai-je garde de dire que c'est être vraiement impie, que d'attribuer les songes à la divinité, qui seule, pouroit les envoyer à nous, s'il étoit vrai qu'ils renfermassent le présage de l'avenir. Je n'aurai garde de dire que cette maniére de nous avertir, toujours douteufe, incertaine, pleine de confufion, feroit on ne peut pas plus indigne des lumiéres d'une intelligence celefte. J'avouerai même que s'il y a des fonges prophétiques, ce font ceux qui s'éloignent totalement de la théorie du fommeil. Il eft poffible que ceux-là nous inftruifent des évenemens futurs; mais je n'en connois point de cette efpéce.

Avec un peu plus de phyfique, les Anciens fe feroient épargné le foin de nous tranfmettre bien des erreurs, bien des fuperftitions. Ils auroient vû, par exemple, que le fommeil n'étant que l'état d'immobilité du corps, quand le défaut d'efprits dans les organes a fufpendu les opérations des fens extérieurs, le relachement des nerfs, & la compreffion de leurs fibres, tombées les unes fur les autres, empêchent néceffairement les impreffions faites par les objets extérieurs de paffer avec ordre & netteté dans le cerveau. Ils auroient vû qu'alors les rêves n'ont, & ne peuvent avoir pour caufe que le mouvement rapide, précipité, irrégulier, incohèrent, interrompu des efprits animaux dans les capfules du cerveau; que ces efprits agités fans régularité, paffant & repaffant de cellule en cellule, font néceffairement contraints de pénétrer au hazard dans quelques-unes des traces faites pendant la veille par les objets extérieurs, & d'exciter dans l'ame l'idée de ces mêmes objets. La volonté ne dirigeant plus la course de ces esprits, qui ne peuvent passer dans le corps, parceque tous les orifices des nerfs leur sont fermés; il faut qu'ils se répandent en désordre dans le cerveau; qu'ils en ébranlent à la fois plusieurs parties, qu'ils en r'ouvrent plusieurs vestiges, qui ouverts, retracent à l'ame des idées disparates, décousues, qu'elle a conçues en des tems fort éloignés, & qui, conséquemment, n'ont entr'elles aucunes liaison, nulle apparence de bon sens.

Or, s'il n'y a point, & s'il ne peut pas y avoir des rêves qui ne soient produits par cette course irrégulière des esprits animaux dans les vestiges du cerveau; ne faut-il pas que ce soit cette course désordonnée, qui venant à r'ouvrir les traces trop profondes qu'ont fait sur nous, dans notre enfance même, les contes monstrueux dont on nous a bercés, nous persuade que nous voyons & que nous entendons des fantomes, des spectres & mille autres objets tout aussi bizarres, tout aussi insensés; mais auxquels l'imagination échauffée & l'esprit avili par la superstition, sont dans la constante habitude de supposer de la réalité?

CHAPITRE XIV.

Des Fantômes, Spectres, ou Revenans.

C'Est à la crainte, au trouble de l'esprit, à la chaleur de l'imagination, à la force des impressions reçues, enfin à l'asservissement à la superstition, que les spectres, les fantômes, les revenans sont redevables de l'existence qu'on leur suppose, & de la terreur qu'inspire leur fantastique présence. De tous les préjugés c'est ici le plus général. On le trouve établi chez toutes les nations ; parceque chez tous les peuples, des images imprévûes, des bruits soudains, inattendus, des circonstances imposantes, des passions impétueuses agitent l'imagination, & meuvent les organes, qui, fortement ébranlés, violemment frappés, sans qu'il y ait aucun objet extérieur qui les affecte, le montre à l'ame tout de même que s'il étoit présent. On croit par-tout aux fantômes, aux revenans, aux spectres ; parceque partout les hommes se sont fait des idées fausses qui leur impriment de la frayeur & du respect, qui pénétrent leur ame de terreur, & qui font le tourment des esprits foibles. La peur des spectres est générale, parceque très-peu de personnes ont assez de raison & de philosophie pour ner, de sang froid, la cause de ces terreurs ; quand elle agit, le principe de ces vaines images, quand on croit les appercevoir, le méchanisme de ces apparitions, quand elles viennent glacer le cœur d'effroi. D'ailleurs, comment ne pas croire aux fantômes ; on en rapporte tant de faits, on en raconte tant de choses ; & ces faits, ces récits sont constatés par tant de preuves ? Comment ne pas croire aux apparitions ; on y a cru dans tous les tems, & elles sont autorisées par tant de grands exemples, & par l'expérience de tant d'hommes éclairés ?

Avant que de parler des exemples particuliers, j'examinerai par les faits mêmes, à quelles causes cette superstition doit & son origine & son autorité.

La crainte de la mort, si naturelle à l'homme, & la conviction intime, ou le désir pressant de l'immortalité de l'ame & de sa réunion future avec le même corps qu'elle a animé sur la terre, ont fait partout instituer des fêtes funéraires & de lugubres cérémonies. Ces fêtes, ces cérémonies furent d'abord tout aussi simples que ceux qui les avoient instituées. Peu-à-peu on ajoûta à ces premières fêtes, soit pour rappeller plus fortement l'idée de la réunion future de l'ame avec le corps, soit par des motifs d'intérêt & de domination de la part des innovateurs ; on y ajoûta, dis-je, des décorations

tions imposantes, des tableaux funèbres, de tristes cérémonies; enfin un apareil plus terrible, plus ténébreux, & dont l'effet fut d'étonner l'esprit, & d'effrayer l'imagination.

C'étoit jadis, par exemple, une cérémonie bien solemnelle, bien auguste aux yeux des peuples idolâtres, que l'usage où ils étoient d'offrir aux dieux infernaux de somptueux repas. La superstition qui va toujours croissant, quand elle s'est une fois introduite, inspira bientôt à ces mêmes peuples de rendre aux mânes des morts les mêmes honneurs qu'on avoit rendu jusqu'alors à la cour infernale. L'ignorance, ou plutôt la bisarrerie humaine offrit des festins aux morts pour appaiser leurs ames. L'appareil de ces festins, le silence profond qui y régnoit, l'obscurité du lieu où se faisoit cette cérémonie, le spectacle des tombeaux, des ossemens, des crânes, des corps à demi consumés qu'on y voyoit à la pâle lueur des torches funéraires; l'abbattement, la consternation des convives, leurs soupirs & leurs gémissemens, les bras qu'ils tendoient, en pleurant, vers le cadavre, à qui ils sembloient demander de venir prendre part au festin : quels objets plus capables d'épouvanter la multitude! Aussi regarda-t'on comun des plus sacrés devoirs de la religion l'usage & la solemnité de ces fêtes nocturnes. Comment cette cérémonie s'eſt-elle communiquée d'une nation à une autre ? Les différens peuples anciens & modernes qui ont été, & qui ſont encore dans l'uſage de manger ſur les tombeaux, ont ils puiſé cette coutume dans le délire de leur propre ſuperſtition ? C'eſt ce qu'il n'eſt pas poſſible de découvrir à travers le nuage qui dérobe même à leurs yeux l'origine de ces triſtes feſtins. En Egypte, où l'on avoit tant de reſpect pour les morts, & où les tombeaux inſpiroient tant de vénération, l'uſage des repas funèbres & nocturnes étoit inviolablement obſervé. C'étoit par là que les Egyptiens terminoient toujours la ſolemnité des enterremens. A Rome également, les funérailles étoient toujours ſuivies d'un repas taciturne, que l'héritier donnoit aux parens & aux amis du mort, dans le lieu même où repoſoient ſes cendres.

Autrefois dans la Courlande & dans la Sèmigalle auſſitôt qu'un citoyen avoit rendu le dernier ſoupir, on le paroit de ſes plus beaux habits, on mettoit dans ſes mains, ou à côté de lui, une ſomme d'argent fixée par la coutume, & quelques alimens; on l'enfermoit dans un cercueil, & on le portoit au tombeau, qui étoit toujours loin des villes, dans un champ, ou dans une forêt. Là, on découvroit le cercueil, & l'on offroit à manger au cadavre : pour l'engager à prendre de la nourriture, les conducteurs du convoi funéraire mangeoient, & régaloient tous ceux qui avoient été invités ; & c'eut été une indécence, si quelqu'un d'eux eut manqué, la coupe à la main, de saluer le défunt, & de l'inviter à boire.

Dans les premiers tems on n'offrit aux ames que du miel, du vin, de la bierre, du lait, des œufs, du pain, de la viande, & de l'eau : mais à mesure que les ténébres de l'ignorance devinrent plus épaisses, les mœurs furent moins simples, & la superstition donna de la férocité aux hommes. Ils crurent que les ames de ceux qui s'étoient plu dans le carnage, aimeroient beaucoup mieux humer du sang, que de manger des légumes. Cette folle & cruelle idée inspira d'abord aux peuples l'idée de répandre sur les tombeaux quelques gouttes de sang humain : bientot les femmes, les esclaves, les captifs, & les concubines qui avoient appartenu à ceux dont on vouloit honnorer la mémoire, expirèrent sous les couteaux des Sacrificateurs. C'étoit au milieu de ces affreuses hécatombes, au bruit des gémissemens des victimes, & sur leurs membres palpitans, que les amis du mort faisoient les repas funéraires. C'étoit alors qu'animés par le vin & par l'horreur du spectacle, ils appelloient le mort : c'étoit alors que croyant voir son ame sous la forme hideuse d'un spec-

tre, d'un fantôme effroyable, ils lui disoient d'un ton lugubre & mal assuré : *ami
spectre, fantôme ! tu t'es levé du fond de ton
tombeau ; est-ce pour venir avec nous, pour
boire & manger comme nous ?* Quand ce
festin barbare étoit fini, qu'on croyoit l'ombre satisfaite, qu'il n'y avoit plus de malheureux à immoler, & que les convives peut-
être sentoient au fond du cœur le tourment
du remords, ils quittoient brusquement la table, conjuroient le fantôme, que leur imagination fortement échauffée leur montroit
comme s'il eut été présent, de se retirer,
& surtout de ne pas nuire aux plantes des
jardins, aux fruits de la campagne.

Les Sauvages de l'Amérique observoient
religieusement ces repas funéraires, ces sacrifices sanglants, ces imprécations, & toutes ces cérémonies. De nos jours encore,
dans plusieurs contrées de la Louisiane, aussitôt qu'une femme, *chef* de la peuplade, ou *noble*, c'est-à-dire, de la race du soleil, est mor-
te, on étrangle sur sa tombe douze petits
enfans, & quatorze grandes personnes sont
enterrées avec elle ; & la même superstition
qui a fait immoler ces victimes, les chan-
ge en autant de fantômes, que les Sauvages de la peuplade croyent voir toutes les
nuits errer sur les tombeaux.

Les coutumes les plus bisarres sont fondées sur quelque principe : celui de ces
repas funèbres est, comme je l'ai dit, la

conviction, ou le defir de l'immortalité de l'ame. De cette opinion les Anciens, ainfi que les Sauvages des tems modernes, ont conclu que puifque l'ame eft immortelle & toujours fenfible, elle doit donc être flattée des honneurs qu'on lui rend.

Une autre erreur eft venu groffir, & rendre plus féroce cette fuperftition. Les Anciens croyoient que les ames féparées des corps, fe plaifoient aux lieux où leur première enveloppe étoit enfevelie : ils croyoient qu'errant fans ceffe autour des fépulcres, & la fatigue de cet exercice diminuant leurs forces, elles avoient befoin d'alimens ; enfin, qu'elles humoient le vin des libations, qui, répandues fur la pouffière, étoient bien-tôt abforbées, & ne laiffoient fur la furface du fol aucune trace d'humidité. Ils penfoient encore que les ames entendoient & recevoient avec reconnoiffance les prières & les alimens qu'on leur offroit ; qu'elles fécondoient les terres de ceux qui les avoient honorées ; & que fpectres dévaftateurs, elles s'attachoient à tourmenter par de foudaines apparitions, ceux qu'elles avoient quelques raifons de haïr, ou dont elles vouloient fe venger.

Enfin, ce n'étoit pas affez pour les Anciens que de donner aux ames dégagées de la matière, toutes les paffions qui les avoient agitées, quand elles avoient été unies avec les sens ; ils étoient persuadés encore qu'elles lisoient dans l'avenir comme dans le passé; qu'elles annonçoient à ceux dont elles avoient reçu des bienfaits, les événemens futurs, les disgraces, les revers, les maladies, la mort même, & toujours par des apparitions.

Quelle folie autorisoit ces fables? La même qui a toujours accrédité les erreurs dangereuses ; l'avarice des Prêtres qui régnoient par la crainte sur la superstition ; leur orgueil qui étoit interessé à laisser végéter le peuple dans la terreur & l'ignorance. Ils étonnoient sans cesse l'imagination des foibles par des contes effrayans, & souvent par des tours de charlatanisme dont eux seuls connoissoient & faisoient agir les ressorts.

Pour sçavoir combien les ténébres du paganisme ont ajouté de préjugés aux erreurs de l'ignorance, il faut observer quelle est encore de nos jours l'opinion du peuple sur les apparitions. Qu'on cherche qu'on examine s'il est quelque village, en France & dans toute l'Europe, quelque hameau où la plûpart des Laboureurs ne soient pas persuadés du retour des ames sur la terre : les apparitions sont fréquentes chez eux ; il en est peu qui n'aient vû des spectres, ou des revênans. Eh comment ne croiroient-ils pas en avoir vû? Sont-ils plus éclairés, plus courageux, plus intrépides que les Anciens qui leur ont transmis ces chimères & ces superstitions ?

Quand, barbare à force de vertu, le féroce Brutus eut résolu de poignarder César; quand, à l'instant de cet assassinat, & prêt à se couvrir du sang de son ami, de son bienfaiteur, de son pere, suivant l'opinion commune, Brutus échauffé par le patriotisme, accablé par avance sous le poids des remords, vit, ou crut voir un spectre s'attacher à ses pas, lui reprocher l'horreur du parricide qu'il alloit commettre, & le dévouer aux furies; son imagination étoit assez troublée pour lui représenter des spectres, des fantômes. Il racontoit cette effroyable apparition à Cassius, qui moins criminel que lui, & n'ayant pas du moins à craindre d'outrager la nature, dit à Brutus, suivant Plutarque: *je suis persuadé, ô Brutus! que vous avez cru voir un spectre vous demander compte du sang que vous allez faire couler: mais ne pensez vous point aussi que les soins qui agitent votre ame, que le trouble de votre esprit, que l'extrême fatigue de vos sens, les ténèbres de la nuit, l'humanité & le patriotisme qui combattent dans votre cœur, ne soient pas assez forts pour altérer vos idées, pour exalter votre imagination au point de créer des fantômes, des spectres, des furies? Pour moi qui ne crois pas aux démons, & moins encore qu'ils se rendent visibles, &c.* Cependant, ce même Cassius, si fort au dessus de la crainte, si fort persuadé qu'il n'existe ni dieux ni démons, & que la vision de Brutus n'a été que l'effet du trouble de son ame; ce même Cassius a-t'il eu dans la suite plus de courage; a-t'il eu plus de constance, de raison & de fermeté? Guerrier jusqu'alors intrepide, fier ennemi d'Antoine & du Triumvirat, ne crut-il pas aussi voir un spectre dans sa tente? Ce fantôme produit par les mêmes causes qu'il avoit dévoilées avec tant de vérité dans l'aventure de Brutus, jetta la terreur dans son ame, enchaina sa valeur, en sorte que le lendemain son bras jusqu'alors indomptable, resta sans force dans le champ de Philippes, & se laissa ravir l'honneur de la victoire.

Drusus, l'un des plus grands hommes que l'ancienne Rome ait produits, avoir porté ses conquêtes jusqu'aux rives de l'Elbe, lorsqu'une femme d'une taille gigantesque, & habillée à la manière des Barbares, se présentant soudainement à lui : *que cherches-tu, lui dit-elle insatiable conquérant? fuis, & va loin d'ici terminer le cours de ta vie, que la Parque inexorable s'apprête à te ravir;* & le spectre disparut. Dion & Suétonne, qui rapportent cette apparition, croyoient l'un & l'autre aux fantômes : ils ne sont point du tout surpris de la terreur panique de Drusus, qui, à supposer la certitude de ce fait, avoit trop entendu parler à Rome, d'auspices, de prodiges, de spectres, de fantômes & de genies malfaisans, pour se douter, comme l'observe Bayle, " que quelqu'un d'une taille extraordinaire parmi les habitans du pays où il étoit, se fut déguisé en spectre; car il est vraisemblable qu'on a eu plus d'une fois recours à un pareil stratagême."

Mais pourquoi chercher de tels exemples chez des peuples dont le culte, la religion & les Prêtres ne tendoient qu'à accréditer cette superstition? Il est tout naturel que remplis de la fausse doctrine du retour habituel des ames sur la terre, les Egyptiens, les Grecs & les Romains crussent, ainsi que la plupart des nations sauvages de nos jours, aux apparitions, aux spectres, aux fantômes. Mais ce qui ne paroit pas du tout naturel, & ce que néanmoins, mille exemples attestent, tant sont inconcevables les caprices de la raison humaine, c'est que les mêmes fables, les mêmes préjugés repandent parmi nous tout autant de terreur qu'ils en causoient autrefois aux Romains ignorans, aux crédules Etrusques. Ce que j'aurois encore bien de la peine à croire, si les faits n'étoient bien constatés, c'est que parmi nous, des hommes qui se sont rendus célèbres par leurs lumières, & plus encore par les efforts qu'ils ont faits pour combattre les opinions reçues, ayent été les plus susceptibles de cette impression d'effroi, de ces craintes, de de ces troubles, & qu'ils n'ayent pu s'empêcher de frémir aux seuls mots de fantôme, de revenant, de spectre. Tel a pourtant été, dit-on, le fameux Hobbes, l'honneur de l'Angleterre, & l'un des plus célèbres Ecrivains du dernier siécle. Hobbes, ce Littérateur fameux, cet illustre Sçavant que la liberté de sa philosophie, la nouveauté & la hardiesse de quelques-unes de ses propositions, firent passer pour athée; ce même Hobbes, dit l'estimable Auteur qui a écrit sa vie, a été accusé d'avoir eu peur des fantômes, dont il a nié l'existence; & sa crainte étoit telle, qu'il n'osoit demeurer seul, quoiqu'il fut, disoit-il, persuadé de qu'il n'y a point de substance distincte de la matière.

Si l'on dit que naturellement timide, quoiqu'assés courageux pour lutter contre la vérité, Hobbes n'a pas trouvé dans sa raison assés de force pour s'élever au dessus des premières impressions qu'il avoit reçues; comment conciliera-t-on l'inconcevable contradiction qui règne dans les écrits d'un homme moins célèbre que Hobbes, mais tout aussi sçavant, & peut être plus philosophe? Mr. Hanov, Professeur & Biblotécaire à Dantzic, connu dans la littérature par beaucoup d'excellens ouvrages, a combattu avec tout l'avantage que peut donner la vérité, les superstitions & les préjugés de la plûpart des Peuples anciens & modernes, au sujet du retour des ames & des apparitions : toutefois dans ce même ouvrage paroissant oublier ses réflexions & ses raisonnemens, il raconte avec la gravité d'un ancien habitant de la Sémigalle, la fabuleuse aventure arrivée à Flaxbinder, plus connu sous le nom de *Johannes de Curiis*. L'inconduite, dit M. Hanov, l'intempérance & la débauche furent la seule occupation de Flaxbinder dans sa jeunesse. Un soir, tandisqu'il se plongeoit dans l'yvresse des plus sales plaisirs, sa mere vit un spectre, qui ressembloit si fort à son fils par la figure & par la contenance, qu'elle le prit pour lui-même. Ce spectre étoit assis près d'un bureau, couvert de livres, & paroissoit profondèment occupé à méditer, & à lire tour-à-tour. Persuadée qu'elle voyoit son fils, & agréablement surprise, elle se livroit à la joie que lui donnoit ce changement inattendu, lorsqu'elle entendit dans la rue la voix de ce même Flaxbinder qu'elle croyoit voir dans la chambre. Elle fut horriblement effrayée ; on le seroit à moins : cependant, observant que celui qui jouoit le rôle de son fils, ne parloit pas ; qu'il avoit l'air sombre hagard & taciturne, elle conclut que ce devoit être un spectre ; & cette conséquence rédoublant sa terreur, elle se hâta de faire ouvrir la porte au véritable Flaxbinder. Il entre, il approche ; le spectre ne se dérange pas :

Flaxbinder pétrifié frémit à ce spectacle, forme en tremblant, la résolution de s'éloigner du vice, de renoncer à ses désordres, d'étudier, enfin d'imiter le fantôme. A-peine il a conçu ce louable dessein, que le spectre sourit d'une horrible manière, jette les livres & s'envole. On sent qu'un homme qui raconte d'un ton aussi persuadé de telles visions, est bien près de voir des fantômes : aussi ne serois-je point étonné si dans la suite des ouvrages posthumes de M. Hanov, & qui doivent, dit-on, paroitre incessammen, on lit quelques récits d'apparitions. Ce sçavant, quelque grand nom qu'il se soit fait, avoit malgré la supériorité de ses talens, tout autant de préjugés, d'imagination & de crédulité qu'il en faut pour voir des spectres.

En effet, on peut dire avec Bayle, qu'il ne faut pas toujours accuser d'imposture ceux qui protestent avoir vû des fantômes : car les contes qu'ils ont lûs, ou qu'ils ont entendu faire de ces sortes d'apparitions, ont pu laisser dans leur cervau une trace si profonde, que les esprits animaux n'y sçauroient plus tomber, sans exciter fortement l'idée d'un spectre." Si une vive attention à ces objets, accompagnée de crainte, ébranle l'imagination, soyé assuré que l'action des esprits animaux sur cette trace, sera plus forte que l'action de la lumière sur les nerfs optiques. L'imagination alors sera plus forte que la vue, & peindra les objets comme présens; desorte qu'encore qu'on soit éveillé, on croira voir une chose qui n'est point présente aux yeux, mais seulement aux sens internes ,,. Qu'étoit-ce donc jadis, quand on laissoit croire au peuple, soit à Rome, soit ailleurs, & surtout au peuple de la campagne, nonseulement la possibilité du retour des ames sur la terre, mais encore la fréquence de ces retours, & toujours pour demander, disoient les sacrificateurs, de riches Hécatombes, des secours mercenaires, de vénales expiations ? Car il y auroit bien moins d'erreurs, si ces hommes avides, ces fourbes respectés, n'ajoutoient pas chaque jour aux anciens préjugés, & si à force d'impostures, ils n'étendoient pas sans cesse la nuit de l'ignorance & l'empire de la superstition.

CHAPITRE XV.

Des Imposteurs.

IL ne falloit jadis ni beaucoup d'art, ni des talens bien supérieurs pour en imposer au peuple, toujours pret à recevoir, à respecter comme des vérités les erreurs les plus grossières qu'on tentoit de lui faire adopter. Cette énorme quantité de fables qui tour-à-tour ont été accréditées, ce grand nombre de cultes insensés, ce tas de dogmes ridicules que des nations entières ont regardés comme la partie la plus essentielle de la religion, ne me surprennent point ; ce qui m'étonne, quand je songe à l'extrême facilité qu'il y avoit alors a égarer les hommes, c'est que l'antiquité n'ait pas vû s'élever presqu'autant d'imposteurs, qu'il y avoit d'individus dans l'espèce humaine.

Les honneurs décernés à l'imposture étoient si flatteurs, la vénération de la multitude pour ceux qui abusoient de sa crédulité, étoit si profonde, & les succès des fourbes devenoient si éclatans, que je ne connois pas les motifs qui pouvoient arrêter les cœurs ambitieux d'asservir leur patrie, & de transmettre à la postérité la gloire de leur nom. La carrière de l'imposture étoit d'ailleurs si brillante, elle conduisoit a un rang si sublime, elle assuroit aux fourbes une si grande autorité, & il y avoit tant de facilité à la parcourir ; l'espoir de réussir étoit soutenu par tant de grands exemples, qu'on a bien de la peine a comprendre pourquoi la classe des imposteurs n'a pas été tout au moins aussi nombreuse, que celle des conquérants, des factieux & des usurpateurs.

Il est si doux, quand on le peut, & rien n'étoit autrefois plus aisé, de se voir adoré comme un dieu, d'avoir des temples, des autels, de rendre des oracles, d'accepter de riches hécatombes, de faire le bonheur ou la terreur de ses contemporains, de partager enfin avec le maitre de la foudre l'empire & les vœux de la terre ! Et cependant, à peine chaque siécle a-t-il produit un imposteur. Plusieurs même l'ont été si maladroitement, ils ont paru si stupides, si grossiers, si peu faits pour le rôle dont ils s'étoient chargés, qu'ils ont forcé les peuples qu'ils s'étoient proposés de tromper, & qui avoient tant de disposition a seconder leurs fourberies, qu'ils les ont forcés, dis-je, a dévoiler leurs impostures.

Toutefois qu'y avoit-il de si fort épineux dans cette brillante tache ? Il falloit seulement opérer quelques prodiges, faire en termes ambigus, quelques prédictions fort inintelligibles, achetter les témoignages de quelques

Prêtres mercenaires, avoir des révélations, & des entretiens fréquens avec quelqu'un des dieux ; mais surtout écarter gravement les questions les plus folles, & répondre avec effronterie les plus absurdes faussetés.

Il est vrai qu'à la rigueur, il n'est pas extrêmement facile d'opérer des merveilles : mais telle étoit jadis la candeur de la plûpart des hommes, que pour croire aux prodiges ils ne demandoient pas d'en être les témoins : pourvû qu'on leur racontât des choses merveilleuses, surprénantes, inusitées; c'en étoit assés pour qu'elles fussent constatées : souvent & presque toujours même, le récit de l'imposteur, pour si peu qu'il fut annoncé d'un ton impérieux, suffisoit pour persuader à la foule de ses auditeurs qu'ils avoient vû l'étonnante merveille qu'on venoit de leur raconter. Romains, dirent au peuple les assassins du fondateur de Rome, les mains teintes encore du sang de ce Héros ; Romulus n'étoit point un homme, il étoit dieu ; nous l'avons vû disparoître du milieu de nous, près du marais de Caprée, & s'envoler, porté sur les aîles de l'aquilon au séjour des immortels, dans son éternelle patrie. Construisés des temples, élevés des autels à son honneur, ô Romains ! & réjouissés-vous d'avoir eu pour fondateur, pour maître & pour législateur, l'ami, le confident & l'égal de l'être suprême.

Dés cet instant, Romulus qui pendant sa vie,

vie, n'avoit jamais ambitionné les honneurs divins, fut regardé par son peuple comme la déité tutélaire de Rome, & quelque multipliées que fussent les preuves de la funeste catastrophe qui l'avoit fait périr, l'amour propre des Romains fut si flatté d'avoir eu un Dieu pour Souverain, que nul d'entr'eux n'osa soupçonner d'imposture le récit d'un tel prodige, & que Proculus même, l'imagination échauffée & la tête remplie des brillantes idées qu'il s'étoit formées de l'apothéose & de la divinité de Romulus, crut le voir quelques jours-après dans toute la majesté de sa gloire. *Oui, je l'ai vû, Romains,* dit-il, aux Sénateurs assemblés; *il s'est montré a moi, non tel qu'il étoit sur le trône, mais radieux, environné d'un éclat immortel, élevé dans les airs, & tenant dans sa main sa lance redoutable; je l'eusse pris pour Mars s'il ne s'étoit nommé, & s'il ne m'eut ordonné de venir de sa part vous annoncer la grandeur future de Rome, qu'il a pris à jamais sous sa protection. Peuple reconnoissant tout ce que ce nouveau Dieu exige désormais de vous, c'est que vous l'honnoriez, que vous imploriez sa puissance, & que vous l'adoriés sous le nom sacré de Quirinus.*

Les assassins de Romulus étoient sans contredit de hardis imposteurs; mais leur absurde fourberie ayant une fois réussi, leur fabuleuse apothéose étant accréditée, rien ne fut

Tome I. O

plus facile que d'introduire un culte, d'instituer des fêtes & des jeux à l'honneur de la nouvelle déité : il est même très-vraisemblable que Proculus entrainé par la force de la superstition générale de ses concitoyens, crût voir réellement & entendre Romulus. Des cerveaux échauffés par l'attrait du merveilleux, des esprits timides & crédules en matière de religion, des hommes ignorans, élevés dans l'erreur & pleins de préjugés, sont toujours très-disposés a prendre tout ce qui se présente, tous les monstres qui se forment dans leur imagination effrayée, pour des apparitions, des fantômes, ou des dieux. Le succès de la déification imprévûe de Romulus, enhardit l'imposture, & servit d'exemple à ceux qui voudroient dans la suite séduire, intimider le peuple, l'asservir, & accroitre le nombre déja trop prodigieux des erreurs populaires & des superstitions.

Sage par caractère & fourbe par nécessité, Numa-Pompilius fit quelques réglemens utiles, & remplit Rome de divinités étrangères, de Prêtres, de Vestales; & graces à la superstion, il parvint à faire respecter une législation nécessaire, mais génante, & qui réprimoit trop la licence publique, pour croire que jamais les Romains, peuple dévastateur, eussent voulu s'y soumettre, si le législateur n'eut eu l'art de leur faire accroire que c'étoient les dieux eux-mêmes qui lui avoient dicté ces loix ; qu'il n'entreprenoit rien fans leur ordre immédiat, & fans l'avis de la Nymphe Egèrie, leur immortelle meſſagère.

A la ſublimité de la ſource d'où Numa prétendoit avoir puiſé ſa légiſlation, les Romains étonnés gardèrent un ſilence religieux, obèirent avec zèle, & ſe gardèrent bien de murmurer contre la ſévérité de la Nymphe Egèrie. Sans ceſſer d'être brigands, uſurpateurs, injuſtes, ils furent dociles au joug qui leur fut impoſé. Eh ! le moyen de refuſer de ſe ſoumetre à un Roi que le ciel inſpire, qui a une correſpondance étroite avec les dieux, & qui régle chaque jour avec une jeune Nymphe les plus importantes affaires de ſon gouvernement?

Il fut heureux pour Rome & l'Italie que Numa fut né vertueux : diſpoſés à tout entreprendre, à tout exécuter ſous ſes ordres, ſes ſujets accoutumés au brigandage, exercés à la violence, euſſent bouleverſé la terre, pour ſi peu qu'il eut voulu mettre en action leur fanatiſme, & abuſer de l'autorité ſuprême que lui donnoient ſur eux ſes prétendues révélations. Numa fut la gloire de ſon ſiécle, l'ornement de l'Italie ; il fit le bonheur de ſon peuple : il eut pû ſans effort, & pour ſi peu qu'il eut été méchant, dévaſter les nations, être l'oppreſſeur des Rois, uſurper des couronnes, envahir des états, & faire le malheur de ſes contemporains.

Mais pour un imposteur dont les adroites fourberies n'ont eu pour objet que le bien général, la tranquillité publique, le bon ordre & le repos de la société ; combien de scélérats ont employé avec succès les ressources de l'imposture pour égarer les hommes, tromper les nations, commettre impunèment les attentas les plus atroces, ajouter aux anciens préjugés de nouvelles erreurs, & grossir l'innombrable liste des superstitions. Heureuses les nations, lorsque les imposteurs qui se sont formés dans leur sein, ne se sont proposé d'autre but que celui de dominer ; lorsque pour réussir ils n'ont point eu à détruire les opinions reçues, & qu'ils n'ont offensé ni les loix de la saine raison, ni le culte, ni la religion ! A-peine l'infortuné Smerdis eut expiré sous le fer parricide de Cambyse son frere, qu'un Mage audacieux, Tanyoxare, osa publiquement prendre le nom & les droits du Prince immolé. Abusés par la ressemblance, les Perses seconderent le faux Smerdis, qui triompha des armes de Cambyse, & passa de l'obscurité du temple, où il avoit vécu jusqu'alors, sur le trône de ses maîtres. Sa fourberie & sa bassesse furent, il est vrai, découvertes ; mais ce ne fut qu'après avoir pleinement réussi, qu'après avoir deshonoré la plus brillante des couronnes.

Ne vit-on pas aussi dans le 14e. siécle, trois fameux imposteurs se jouer tour-à-tour, presque dans le même tems & sur le même théâtre de la crédulité publique, & usurper le nom d'un Souvérain, mort depuis sept années ? Les Portugais regrettoient encore la perte du jeune Sebastien, leur Roi, que des témoins fidèles soutenoient avoir vû expirer les armes à la main, il y avoit sept ans, devant Alcaçar en Afrique, quand on vit deux imposteurs prétendre hautement au sceptre portugais, & déclarer avec effronterie qu'ils étoient le vrai Sebastien, dont on avoit mal à propos annoncé les malheurs & la mort. La ressemblance de chacun de ces deux imposteurs avec Sebastien étoit si frappante, leur dissimulation si profonde, ils affectoient tant de candeur & tant de piété, qu'ils formerent dans le Royaume deux factions puissantes. Ils avoient, disoient-ils, été cruellement blessés devant Alcaçar ; mais leurs blessures n'avoient pas été mortelles, & les Maures les avoient retenus quelque tems en captivité : le bonheur qu'ils avoient eu de s'évader leur avoit inspiré, pour remercier la providence, de vivre errans & sous l'habit d'hermite, dans le désert, d'y faire pénitence de leurs fautes passées, & de ne remonter sur le trône qu'après ce terme. L'ingénuité de ce recit & l'austérité des mœurs des faux Sebastiens séduisirent les Portugais, au point que les provinces divisées ne demandoient chacune qu'à soutenir les droits de l'imposteur qui les trompoit. Le premier des deux fourbes n'eut pas assez d'adresse pour abuser long-tems de la confiance publique, & quoique fortement prévenus en sa faveur ses partisans, le reconnurent pour un malheureux sans nom, sans talens, sans vertus ; & revoltés de leur méprise, ils le condamnèrent à ramer jusqu'à sa mort sur les galères du Royaume. Le second, *Mathieu Alvarez*, fut en quelque sorte imposteur malgré lui. Il avoit tous les traits du Roi Sebastien, & quelques Portugais le prirent pour ce Prince. Il assura qu'on se trompoit, & que bien éloigné d'avoir jamais joui de la suprême autorité, il étoit né dans l'indigence, d'un Thuilier accablé sous le poids de la misere, dans l'Isle de Tercère. Cette protestation très-ingénue fit une impression tout opposée aux vues estimables de celui qui la faisoit. Alvarez étonné de l'érreur des Portugais, & voyant qu'on s'obstinoit, malgré ses desaveux, à le prendre absolument pour le Roi Sebastien, s'abbandonna aveuglement à sa bonne fortune, & se promit bien de se laisser conduire à la souvéraineté. Mais peu accoutumé à l'éclat de cet honneur, il se laissa trop tôt éblouir par la majesté dont on l'avoit forcé de se couvrir : il affecta un dédain méprisant qu'il prenoit pour de la grandeur, une insolence revoltante qu'il prenoit pour de la noblesse, & un ton si ridicùlement pénétré quand il demandoit publiquement à Dieu qu'il lui fut permis d'être enfin reconnu par le reste de ses sujets, & de remonter sur le trône de ses ancêtres, qu'il eut désabusé ses adhérans les plus zélés, si son air, ses manières, ses traits exactement semblables à ceux du Roi Sebastien n'eussent continué de persuader le peuple qui accouroit en foule de toutes parts. Elizera fut le terme fatal de la gloire d'Alvarez : il reçut dans cette ville l'hommage d'une partie des Portugais, & croyant la couronne desormais affermie sur sa tête, il se livra sans retenue à toute la bassesse de sa naissance, de son éducation & de son caractère. Le succès le rendant audacieux, il écrivit en termes grossiers au Vice-Roi du Portugal de s'éloigner incessamment de ses palais, & de sortir à l'instant même de ses états. Le Vice-Roi n'obéit point, mais démêlant la fourberie, il envoya quelques soldats contre Mathieu qui à la tête de ses gardes & suivi de 1000 soldats, reçut en lâche la réponse du Vice-Roi, résista foiblement, fut pris, enchaîné, convaincu & condamné à périr sur l'échaffaut.

La grossiereté seule de ces deux imposteurs suffisoit pour les faire échouer ; & le mauvais succès de leur entreprise ruina par avance les tentatives mieux concertées, & peut-être plus légitimes, que fit quelques tems après, en 1598, un nouveau Sébastien, qui jusqu'à son dernier instant soutint, & prouva même, disent quelques Auteurs, qu'il étoit ce même Sébastien qu'on avoit cru mort en Afrique, & qui guéri de ses blessures, avoit passé huit ans dans la captivité. A ce récit très-vraisemblable cet homme extraordinaire ajoûtoit les raisons les plus frappantes: il racontoit tout ce qui s'étoit passé de plus secret entre Sébastien & ses plus intimes confidens, depuis son enfance jusqu'au jour de sa défaite devant Alcaçar. Il montroit les cicatrices des blessures qu'il avoit reçues, & ces cicatrices étoient exactement les mêmes que celles que le vrai Sébastien portoit. Il rappelloit aux courtisans ce qu'il leur avoit dit dans quelques circonstances qui ne pouvoient être connues que d'eux seuls & du vrai Sébastien : mais ce qui jette encore bien de l'incertitude sur cet événement, ce qui fait qu'on est tenté de plaindre cet homme infortuné, & de le croire le vrai Sébastien, c'est sa fermeté, sa constance, sa noblesse, son héroïsme dans les supplices que se hâtèrent de lui faire subir les Espagnols, intéressés à traiter d'imposteur tout prétendant au sceptre Portugais.

Si le Mage Tanyoxare & les deux faux Sébastiens ne réussirent point, ou du moins s'ils n'obtinrent que des succès passagers, c'est qu'ils n'eurent que de l'ambition, & qu'ils manquèrent d'adresse ; c'est que les nations qu'ils s'étoient proposé de tromper, avoient mille moyens de dévoiler la fraude ; c'est que le peuple est de sang froid quand il examine si celui qui aspire au suprême pouvoir est où n'est pas le souverain dont il ose usurper & le nom & les droits. Mais comment la multitude auroit-elle la liberté de résister à l'éloquence impérieuse d'un imposteur qui dit effrontement aux hommes : *Dieu m'envoye vers vous pour briser les liens qui vous attachent à vos maitres. Les loix que je vais vous imposer de la part du ciel, sont douces, analogues à vos penchans, à vos passions, agréables à suivre. Placés moi sur le trône, & défendés par le meurtre & le sang, le culte que j'instituerai : un bonheur impérissable sera le prix de ceux qui se soumettront à moi ; l'éternelle réprobation est réservée à quiconque osera s'opposer à la sainteté de mes vues. Ma mission est attestée par le ciel ; je la prouve par des prodiges ; Eh ! quel plus grand miracle que celui de vous persuader, de vous contraindre par la force de ma mission même, à reconnoitre en moi le confident & l'envoyé de Dieu !* Un tel fourbe, pour si peu qu'il soit audacieux, hardi dans ses projets, conséquent dans ses vues, actif dans ses démarches est toujours sur d'un succès éclatant

Quel encouragement l'impie Cromwel a donné à tous les scélerats qui voudront l'imiter, & qui auront, comme lui, assez d'adresse pour profiter des circonstances ! Si Cromwel ne se fut montré que sous les traits d'un citoyen rebelle, d'un sujet factieux, jamais son ambition n'eut franchi l'espace immense qui le separoit du trône ; mais Cromwel connoissoit les hommes ; il sçavoit que pour les subjuguer il falloit parler au nom du ciel, effrayer leur imagination & flatter leur amour propre ; il sçavoit que pour les égarer il falloit faire briller devant eux le flambeau du fanatisme ; & surtout avoir soin de couvrir l'attrocité de ses complots, la noirceur de son ame, du voile respecté de la religion. Ce fut par le secours de cette affreuse hyprocrisie, de ce zele apparent & des recits multipliés de ses révélations, que le perfide Olivier chargea de fers l'nfortuné Stuart, brisa son sceptre, plaça son maitre sous le fer des bourreaux, & imprima à la nation entière une tache deshonnorante : & c'est ainsi que les habiles imposteurs se sont toujours conduits, c'est par la méme route, à la faveur des mêmes fables, des mêmes superstitions, que les fourbes adroits sont parvenus dans tous les tems à l'exécution de leurs complots, au succès de leurs vues, quelques pernicieuses qu'elles ayent été.

On est surpris que dans l'âge le plus brillant de l'Angleterre, que dans le siècle éclairé des Newton, des Driden, des Waller, des Milton, les Anglois se soient laissé séduire par Olivier Cromwel : on a tort ; le siècle de Socrate & celui des croisades ne diffèrent point entr'eux rélativement au peuple, toujours également disposé à recevoir de nouvelles erreurs, à étendre l'empire de la superstition, à s'embraser de fanatisme.

S'il fut jamais un âge contraire aux imposteurs, ce fut celui sans-doute où la terre éclairée ne pouvoit méconnoitre l'auteur de la nature descendu parmi les hommes, semblable à eux, & commandant en maître aux élémens, dociles à sa voix. Si quelque siécle dût être à l'abri des superstitions, ce fut celui où le crépuscule expirant du paganisme n'opposoit plus qu'une foible résistance à l'auguste lumière du christianisme naissant : & toutefois quel siécle à été plus fécond en imposteurs. L'un, charlatan adroit & scélérat insigne, passe dans Samarie pour une intelligence céleste, & se fait appeller par les Samaritains *la grande vertu de Dieu.* L'autre moins ambitieux, Théodas prend le titre de Prophête ; persuade une foule de Juifs, les engage à renoncer à leurs familles, à leurs professions, les conduit sur les bords du Jourdain, & leur fait croire qu'à sa voix les eaux du fleuve remnteront vers leur source, & que nouveau Moïse, il passera suivi de ses nombreux disciples, à pied sec, sur la rive opposée. Le peuple attendoit en silence l'accomplissement de ces grandes promesses, quand le gouvernement peu disposé à croire à l'apostolat du fourbe, envoya contre lui un petit nombre de soldats, qui le prirent & l'égorgèrent, ainsi que les plus obstinés des ses profélytes. Un autre Théodas peu effrayé du châtiment dont on avoit payé les prophéties du dernier imposteur, parut dans la Judée a peu-à-près dans le même tems, & dédaignant les fonctions de précurseur du Messie, il se dit hautement le Sauveur, envoyé du ciel, & prédit par les livres sacrés. Les Juifs le suivirent en foule : mais ni le nombreux cortège dont il étoit suivi, ni l'auguste caractère dont il se disoit revêtu, ne l'affranchirent point des supplices destinés aux rebelles.

Dix ans après la mort du second Théodas, un Egyptien, moins fourbe que trompé lui-même par un accès de demence, vint à Jérusalem, dit qu'il étoit le fils de Dieu, & que pour confirmer sa mission & sa divinité, il alloit d'un signe de sa main faire écrouler les murs de Jérusalem. Les habitans de cette ville toujours stupides, fanatiques, suivirent cet homme insensé sur le Mont des Oliviers, où il feignit d'intercéder son pere pour la conservation des remparts de Jérusalem, & se retira au bruit des acclamations de l'imbecile populace. Un quatrième imposteur conduisit dans le désert un grand nombre de Juifs, qui y attendirent vainement & la manne céleste, & les prodiges surprenans que leur chef leur avoit promis.

On vit dans la Cyrénaique un Jonathas, ignorant & pauvre Tisserand, séduire la multitude par des prestiges fort grossiers, & persuader à ses admirateurs de le suivre dans le désert où il les égara, & où ils périrent tous, heureux de croire jusqu'au dernier soupir qu'ils suivoient le Sauveur. Le plus pernicieux de ces fourbes fut le fameux Barchochebas, qui après avoir rempli l'Orient de superstitions, persuada aux Juifs de léver contre Adrien l'étendart de la revolte, & attira sur eux les forces de l'Empire & l'indignation de l'Empereur, qui les traitant dès-lors en citoyens rebelles, les réduisit à un état dont ils n'ont jamais pû se rélever.

Le plus entreprenant, le plus audacieux des fourbes, fut Apollone de Tyane, dont l'imposture éblouissante séduisit l'Europe & l'Asie, & dont les succès sacrilèges furent si éclatans, que longtems même après sa mort, il avoit encore des temples, des Prêtres, des autels, & qu'on adoroit à Rome & dans le reste de l'Empire comme le plus puissant des Dieux. Apollone osa lutter contre le bienfaiteur suprême, le rèdempteur, le souverain-maitre des hommes; & la plûpart des nations donnèrent à ses impostures la préférence sur les miracles opérés par J. C. lui même. L'hypocrite de Tyane devint, à force d'adresse, de fraudes & de perversité, l'objet de la vénération publique; son impudence confondit le petit nombre de Sages qui l'avoient pénétré; il se couvrit de gloire, si c'en est une que d'abuser avec effronterie de la crédulité publique ; & après s'être joué du ciel & des hommes pendant près d'un siécle, il mourut, & sa mort fut une imposture nouvelle : car il avoit eu l'art de persuader aux Peuples qu'immortel, il ne descendroit pas dans la nuit du tombeau ; mais qu'à l'instant où il cesseroit de paroitre, il remonteroit aux cieux.

Quelque grande qu'ait été la célébrité d'Apollone, il eut peu de chose à faire pour l'acquérir ; il étoit annoncé, attendu & connu avant même que de naître ; & il ne lui resta, quand il fut venu au monde, qu'à marcher avec assurance dans la route criminelle que sa mere & la stupidité de ses contemporains lui avoient tracée. La vie de cet homme plus singulier qu'extraordinaire, a été écrite par Damis, son confident, son disciple, son sécrétaire, son ami & le plus fanatique de ses sectateurs. Philostrate aussi crédule que Damis, mais un peu moins enthousiaste, a raconté aussi les actions d'Apollone. Lucien a couvert de ridicule le héros de ces deux panégyristes : mais la vérité perce à travers les fables gravement racontées par Damis & Philostrate, & quelques efforts qu'ils ayent fait pour accréditer l'imposture du fourbe qu'ils ont placé au rang des Dieux, on découvre quel fut Apollone, & par quels moyens il parvint à se faire ériger des autels. J'ai choisi dans les délires mêmes de Damis & de Philoſtrate les traits les plus frappans de la vie d'Apollone, & ceux qui m'ont paru les plus propres à faire connoitre l'empire de la ſuperſtition, & la facilité que les hommes eux-mêmes donnent aux Impoſteurs qui veulent les tromper.

CHAPITRE XVI.

De la naissance & des premieres années d'Apollone de Tyane.

ON diroit que Philoſtrate, quand il parle de la mere d'Apollone, s'exerce à peindre Minerve ſous les traits de Venus. Elle étoit belle & vertueuſe, dit-il ; on ne pouvoit la voir ſans l'adorer ; on ne pouvoit l'entendre ſans ſe ſentir pénétré de reſpect pour ſa ſageſſe & pour ſes mœurs, quelque auſtères qu'elles fuſſent. Damis s'eſt épuiſé auſſi en éloges ſur la vertu de cette femme, dont il tait le nom, le caractère vicieux, les aventures un peu deshonnorantes, & les intrigues ſcandaleuſes ; mais elles avoient été trop publiques, trop éclatantes, & il n'étoit guères poſſible d'en dérober à la poſtérité la honte, la baſſeſſe & l'autenticité.

Cynire avoit toutes les graces & tous les défauts de ſon ſexe. Vive, bouillante, impétueuſe, elle avoit l'art de cacher l'emportement de ſes paſſions, & ſon amour effréné pour le libertinage ſous les dehors de la vertu, de l'innocence & de la religion. Unie par les chaines de l'hymen avec l'un des plus illuſtres habitans de Tyane, Cynire ſe jouoit impunément de la foi conjugale, &,

toujours

toujours envelopée des ombres du mistère, se livroit sans retenue à ses penchans adultères, & s'abbandonnoit sans remord à ses prostitutions.

Depuis deux ans, des fonctions importantes, & qui intéressoient la Cappadoce entière, retenoient à Rome, auprès de l'Empereur, le facile époux de Cynire, qui combloit de ses viles faveurs tous ceux, esclaves ou libres, dont son cœur corrompu désiroit la jouissance. Dans le nombre de ses amans étoit un jeune sacrificateur du temple de Junon. Profondément dissimulé ce Prêtre vicieux s'abandonnoit, à la faveur de son hypocrisie, aux plus honteux excès ; & tandisqu'enflammé de désirs, enyvré de débauche, tout entier à sa perversité, il partageoit avec mille rivaux le vœux & le lit de Cynire, sa modestie affectée, sa ferveur dans le sanctuaire, son zèle pour les dieux, la candeur de ses discours & ses perpétuelles déclamations contre le vice, en imposoient aux habitans de Tyane, qui juroient par son innocence & sa profonde piété, comme ils juroient par la puissance & l'immortalité de Junon.

Cependant Cynire qui comptoit sur l'excès même de ses débordemens pour en cacher la honte à son époux & au public, fut trompée dans son attente. Soit que vivement éprise de son nouvel amant, elle lui eut sacrifié ses nombreux concurrens, soit qu'entrainée par l'yvresse de sa passion, elle eut négligé les criminelles précautions qu'elle avoit prises jusqu'alors, elle se sentit mere, avant même de craindre qu'elle pourroit le devenir. Confuse, inquiète, éplorée, elle fit part au sacrificateur de son humiliant état. Le Prêtre accoutumé au crime, & la félicitant de sa gloire future. : " Vous allez donc, s'écria-t'il, reprendre votre empire dieux chimériques, êtres imaginaires ! O vous que créa l'imposture, ô vous que la terreur & la superstition ont depuis tant de siécles si stupidement adorés, & dont je ne sçais quelle secte nouvelle prétend, dit-on, renverser les autels, dieux fabuleux, si le mensonge vous donna l'existence, c'est à la fraude seule qu'il appartient de retablir votre antique puissance prête à s'évanouir. On dit qu'un immortel est descendu sur la terre, & que ramenant les hommes à l'auguste vérité, il a fondé une religion pure, simple, sublime, sur les ruines des culte établis. Mais si les hommes adoptent cette nouvelle doctrine, que déviendront nos temples, nos oracles, l'autorité des sacrificateurs ? Quelle honte pour nous si les peuples un jour plus éclairés & moins timides dévoilent nos fourberies, le méchanisme des prodiges que nous opérons, les moyens que nous employons pour éblouir les têtes foibles, la puérile obscurité de nos oracles, l'absurdité de nos cérémonies, & la licence effrénée qui regne dans nos mistères? Non, je ne la verrai jamais cette révolution fatale, l'ordre entier des Prêtres secondera mes complots; j'opposerai pour conserver les droits du sacerdoce & l'autorité des sacrificateurs, l'audace à la puissance, les prestiges à la lumière, l'hypocrisie à la vertu: je jure d'employer pour ces dieux, que je méprise, que je sers, & auxquels je ne crois pas, les mêmes moyens que le ciel a pris pour les détruire. Déjà depuis quelques années, les peuples incertains attendent pour se déterminer en faveur de l'ancien ou du nouveau culte, que les dieux insultés, outragés, avilis, vengent leur cause par quelque grand événement. La nouvelle religion fait des progrès rapides; les immortels se taisent, les oracles sont muets, & les Prêtres déconcertés demeurent immobiles, & gardent le silence sur les sacrés trépiés. Il est tems de rendre la voix à nos vaines divinités. Belle Cynire! on vous croit chaste, vertueuse; l'imbécile multitude me respecte, & me regarde comme le plus sage des hommes: profitons de cette erreur publique; persuadons à la foule crédule que vous portez un Dieu dans votre sein: renouvellons, & pour l'honneur des dieux, & pour votre propre gloire, les heureuses impostures qui rendirent autrefois si glorieuse la honte de

Léda, de Danaé, d'Alcmène, & de tant d'autres, qui tendres comme vous, ne sauverent leur reputation, qu'en mettant sur le compte de quelqu'un des dieux, les plaisirs imprudens & les larcins trop indiscrets de leurs amans. Ne craignez pas, jeune Cynire: on ignore notre amour; je parlerai au nom de la plus grande des Déesses, & je disposerai le peuple à croire aveuglement toutes les fables dont vous voudrez couvrir votre fécondité".

Rassurée par ce projet de fraude, & déjà toute glorieuse des honneurs qu'on lui rendroit, Cynire alla dans ses jardins de Délie, attendre les effets de l'imposture méditée par son amant, & forger la merveilleuse aventure sur laquelle elle devoit fonder sa grossesse, & accomplir l'oracle que la Déesse avoit rendu.

Dès la nuit même qui suivit le départ de Cynire, mille prodiges étonnans annoncérent dans Tyane quelque grande révolution: des cris perçans, des hurlemens affreux se firent entendre dans le temple, dont toutes les portes étoient exactement fermées, & du haut de la voute, on voyoit sortir des tourbillons de flamme, qui sans embraser le faîte de l'édifice, se perdoient dans les airs: des voix fortes, inconnues, faisoient retentir les rues des noms des dieux, & se repondoient comme si les dieux mêmes rassemblés à Tyane s'appelloient & s'interrogeoient les uns les autres.

Cette nuit orageuse remplit d'éffroi tous les esprits. Le peuple consterné fuyoit de rue en rue, & le trouble général augmentoit encore la terreur & l'épouvante de chaque citoyen.

A-peine l'aurore eut dissipé les ombres de la nuit, que la grande porte du temple s'ouvrant avec fracas, offrit aux regards étonnés de la multitude, la statue colossale de Junon, qui du sanctuaire, où jusqu'alors on l'avoit adorée, étoit venue d'elle-même se placer à l'entrée du péristile. Le désordre & le déchirement de ses habits marquoient, ainsi que la sueur dont elle étoit trempée, la violence qu'elle avoit éprouvée & les efforts qu'elle avoit faits pour ne pas s'éloigner de ses autels.

Aux cris d'effroi que ce prodige fait pousser aux spectateurs, les Prêtres de la Déesse accourent, & feignant une extrême surprise, ils s'arrêtent pétrifiés, levent les mains au ciel, se prosternent aux pieds de la Déesse, & la conjurent de ne point abandonner les habitans de Tyane, de consentir qu'on la porte à la place sacrée qu'elle doit occuper; & là de prescrire les vœux, les expiations & les sacrifices qui pourront détourner les maux affreux que semble annoncer à la ville le projet de sa fuite. Alors quatre sacrificateurs soulévent la statue,

& paroissant succomber sous l'énormité du poids, il la portent lentement & suivis de tout le peuple, au milieu du sanctuaire. A-peine le temple, quelque vaste qu'il soit, peut contenir la foule qui s'y rend de toutes parts comme dans un azile inaccessible aux traits de la colère des dieux. Mais malgré le concours prodigieux de tous les habitans de Tyane, un silence profond règne dans l'assemblée. Une terreur morne, accablante, enchaine les esprits, & glace tous les cœurs : les Prêtre inclinés entourent la Déesse, & n'osent élever leurs voix. Les assistans étouffent jusqu'aux soupirs que l'effroi leur arrache.

Cependant une fureur soudaine s'empare du premier des sacrificateurs, de celui-là même, par l'ordre duquel s'exécutoit cette chaine de fraudes : il se lève renverse la coupe des libations, l'encens qui fume sur l'autel, le couteau des sacrifices : ses yeux étincellent d'un feu vif & divin ; il s'élance sur le trépié sacré. Là, dans les transports les plus violens, il s'agite impétueusement ; son visage pâlit, ses cheveux se hérissent ; sa poitrine s'élève & semble prête à s'entr'ouvrir : la sueur coule sur son front : il veut parler, l'expression expire dans sa bouche, & sa langue embarrassée ne peut plus prononcer des sons articulés : il mugit de fureur, & ses lèvres livides sont couvertes d'écume ; tourmenté comme s'il étoit sous la main des furies, il tente de nouveaux efforts, & s'écrie enfin d'une voix rugissante & entrecoupée." O Junon! puissante Déesse, pourquoi m'arraches-tu à mes saintes fonctions!.. Où m'as-tu transporté ... Quelle main inconnue fait tomber devant moi le voile du destin ? Dieux éternels ! je les vois confondus les ennemis de votre culte ... Il naîtra donc dans les murs de Tyane le Restaurateur de vos temples... Eh quoi, c'est l'un de vous ô immortels, qui, caché sous la forme humaine, vient rendre à vos autels & l'éclat & l'honneur qu'on cherche à leur ravir?... Femme timide & vertueuse ! c'est le plus grand des dieux: oui, c'est lui-même: que crains-tu? ne rougis point de ta gloire; elle est pure, elle est éclatante, elle ne périra jamais,,.

L'imposteur épuisé de fatigue se jette, en achevant ces mots, dans les bras de quelques Prêtres qui l'emportent hors du temple. Cependant la multitude rassurée par cet oracle; mais ne concevant pas comment il se pourroit faire qu'un Dieu nâquit dans Tyane, cherchoit à pénétrer le sens mistérieux des paroles qu'elle venoit d'entendre. On s'empressa d'offrir des sacrifices à Junon, & les entrailles des victimes ne présenterent aux Augures que les plus fortunés présages. Tant de bonheur annoncé par un concours de prodiges si surprenans, passoit l'intelligence très-bornée des spectateurs ; une nouvelle scène vint fixer leur incertitude, & répandre le jour sur les ténèbres de l'oracle.

Une rumeur soudaine se fit entendre à la porte du temple ; la foule pressée se divisa, & l'on vit s'avancer à pas précipités, une femme effrayée, belle, malgré le désordre de sa parure, les cheveux épars, le sein à demi nud, les yeux baignés de larmes, la terreur sur le front, pâle, tremblante, éplorée : on l'eut prise pour la plus ravissante des Graces, poursuivie par quelque audacieux Satyre, & cherchant un azile contre la violence de ses hardies entreprises. C'étoit Cynire elle-même, l'adultère Cynire, qui avertie par son amant, venoit faire autoriser par le ciel son impudence & les marques deshonnorantes de ses prostitutions. Sans faire attention aux regards de l'assemblée, ni à l'indécence de ses vétemens, elle court vers le sanctuaire, & franchissant la barrière qui sépare tout profane de l'autel, elle se jette aux pieds de la Déesse. " Chaste & puissante épouse de Jupiter, dit-elle, Junon ! protége-moi ; défends mon innocence, rends témoignage à ma vertu ; écoute ô la plus respectable des immortelles, écoute le récit de l'étonnante aventure qui vient de m'arriver ; punis-moi si j'ose blesser la vérité. Je m'étois retirée dans mes jardins de Délie pour y pleurer en liberté l'éloignement de mon époux : ce matin au lever de l'aurore, cette absence trop insupportable à mon cœur, faisoit couler mes larmes, quand le ciel s'est obscurci soudainement ; un nuage épais & noir a paru se détacher de la voûte céleste ; il est resté suspendu sur ma tête ; j'ai voulu fuir ; mais mes pieds engourdis & comme fixés à la terre, ont refusé de m'obéir : cette nue effrayante descendoit, & sembloit prête à m'écraser sous le poids de sa chute ; j'ai levé les yeux au ciel ; tout à-coup mille éclairs ont enflammé ce nuage, qui s'est ouvert de toutes parts aux coups redoublés du tonnerre ; la foudre en est partie : environnée de feux éclatans, je suis tombée, & je croyois toucher à mon dernier instant : mais, ô surprise extrême ! ô merveille ! ô prodige ! une douceur inexprimable, une yvresse, une volupté inconnue aux mortels, s'est emparée de mon ame ; & mes sens inondés de plaisir... ô Junon ! ô pudeur ! Non il n'est pas d'expression qui puisse peindre le ravissement suprême où j'ai été plongée... Mes yeux rendus enfin à la lumière, ont vû distinctement la foudre remonter vers ce même nuage, qui s'est aussitôt obscurci, & du sein duquel ces paroles qui rétentissent encore à mes oreilles se sont faites entendre : *rassure-toi Cynire, le ciel te* justifiera; va au temple; invoque la Déesse; & conserve surtout avec le plus grand soin le dépôt sacré que les dieux t'ont confié ".

Cynire avoit à-peine raconté cette grossière fable, que le chef des sacrificateurs s'avançant vers le peuple : " Vous venez de l'entendre, s'écria-t'il avec transport; vous avez entendu l'explication de l'oracle de la Déesse; Peuple, n'en doutés point, Cynire est mere, & l'enfant qu'elle porte est un dieu ".

Ce dieu tant annoncé, ce dieu restaurateur de l'idolâtrie expirante, fut le célèbre imposteur de Tyane. Les prodiges qui accompagnèrent sa naissance, ne démentirent point, s'il faut s'en rapporter à Damis, les grands événemens qui avoient annobli la honte de sa mere. Cynire alla passer les derniers jours de sa grossesse dans la cellule la plus reculée du temple de Junon : car il étoit très-important de se précautionner contre une foule d'accidens imprévûs, qui eussent découvert les fourberies du pere d'Apollone & l'infamie de sa mere : il étoit important que l'on put, si elle enfantoit une fille ou un fils qui périt en naissant, substituer un enfant tel qu'il avoit été promis par l'oracle. Mais ces précautions devinrent inutiles; Cynire accoucha heureusement d'un fils.

Le ciel, disent Damis & Philostrate, la

terre & la nature entière donnèrent des marques éclatantes de la divinité de cet enfant. Ce fut pendant la nuit qu'il vint au monde ; & pendant cette nuit glorieuse, la Lune, raconte Damis, éclaira la terre d'un feu plus vif & plus ardent que celui de l'astre du jour : ses rayons échauffèrent autant & plus encore que les rayons du Soleil. Des sons extraordinaires retentirent dans les rochers de la Théssalie. On entendit distinctement en diverses parties de la Grèce, de l'Asie-Mineure, & surtout aux environs de Tyane, des cris de joie dans les airs, & comme s'ils partoient d'au-dessus des nuages. Les arbres des forêts vivement agités inclinèrent leur cime, quoique le tems fut calme, & que les vents alors fussent tous enchainés. L'Egypte, patrie des dieux, treffaillit, quoiqu'aucun tremblement de terre, aucune éruption de volcan n'eut causé ce frémissement. L'Océan, pendant cette nuit, n'éprouva ni flux ni reflux, & les ondes orageuses de la Méditerranée ne furent agitées par aucune tempête. On vit à Rome un vautour poursuivi par une colombe, se cacher épouvanté sous l'autel de Vesta. Dans l'Etrurie, Saturne se montra sous la forme d'un lion à tête de vieillard, & annonça aux augures le retour de l'âge d'or. Douze heures avant & douze heures après la naissance d'Apollone, Cynire fut sur la terre, la seule femme qui mit au monde un enfant; & durant cet espace de tems toute végétation fut suspendue, & toute formation, tout dévéloppement arrêté.

Mais, ce n'étoient encore là, continue Damis, que de légers phénomènes, comparés aux grands prodiges que les dieux opérèrent dans l'appartement de Cynire. De cette foule de prodiges, fort extraordinaires à la vérité, mais beaucoup plus absurdes que surprenans, & dont le prolixe récit pourroit fatiguer la constance de mes Lecteurs, je ne rapporterai que le suivant, parcequ'il m'a paru moins insensé que tous les autres, quoiqu'il le soit infiniment.

Seule d'entre toutes les femmes, Cynire n'éprouva dans son enfantement que des sensations agréables; mille riantes images égayèrent son imagination, & il ne sortit de sa bouche que des sons ravissans, des chants mélodieux, aulieu des cris aigus que la vivacité de la douleur arrache dans ces momens affreux. Le dernier jour de sa grossesse avoit été pour elle le jour le plus délicieux, le plus tranquille de sa vie. Ses yeux appésantis enfin par le sommeil, se fermèrent à la lumière; mais à-peine elle fut endormie, que les dieux lui envoyèrent le plus brillant des songes. Elle crut voir l'épouse de Jupiter, la majestueuse Junon, suivie de Lucine s'approcher de son lit.

Surprise, pénétrée de respect & de vénération, Cynire alloit se prosterner aux pieds de la Déesse, quand étendant vers elle son sceptre d'or: „reste, belle Cynire, lui dit Junon; dans d'autres tems je recevrai tes vœux & tes adorations: des soins plus importans me conduisent auprès de toi ; c'est pour te servir, pour te soustraire à la douleur d'un trop pénible enfantement que les dieux m'ont conjurée de descendre de l'Olympe. Et toi sacré vengeur de la troupe immortelle, bienfaisante divinité! toi qui depuis neuf mois attends, caché dans le sein de Cynire, l'instant auquel le destin t'a permis de paroitre sur la terre, montre toi, viens, entends ma voix : le ciel & la nature ont pris soin d'annoncer aux hommes le glorieux séjour que tu t'es engagé de faire dans la carrière de la vie". Junon, continue Damis, couvrit en prononçant ces mots, Cynire de son voile, tandisque l'industrieuse Lucine tendoit au Dieu naissant une main secourable.

La mere d'Apollone cherchoit dans son ame agitée des expressions qui pussent rendre les sentimens d'amour & de reconnoissance que lui inspiroient la présence & les bienfaits de Junon, quand s'élevant, telles qu'un météore qui sort du sein de la terre, brille & se perd dans le vague de l'air, la Déesse & sa compagne s'envolèrent environnées d'un nuage radieux, & s'échapèrent à travers les murs de la cellule, qui se refermant aussitôt, ne laissèrent d'autre marque de cette auguste apparition qu'une lueur légère qui s'évanouit bientôt.

La rapidité de cette fuite & le bruit que les Immortelles avoient fait en disparoissant, éveillèrent Cynire, qui, l'esprit rempli de trouble, les sens vivement émus, & ne pouvant douter qu'il venoit de se passer en elle quelque chose d'extraordinaire, se sentit la poitrine oppressée, & comme surchargée d'un fardeau : elle y porta les mains ; mais ô prodige ! ô surprise extrême, c'étoit un enfant; c'étoit le fils qu'elle venoit de mettre au monde, & qui étoit attaché à son sein. Malgré l'obscurité qui régnoit dans le lit, Cynire distingua les traits de cet enfant, & ces traits étoient plus beaux que ceux de l'amour même. Cynire étonnée, interdite, & peut-être épuisée, alloit appeler du secours, lorsque le dieu Apollone la regardant & souriant du trouble où elle étoit : " pourquoi, dit-il, ô femme, que désormais j'appellerai ma mere, pourquoi cette émotion & cet étonnement ? Aimiez-vous mieux que ma naissance vous causât des douleurs & de cruels tourmens ? Je suis descendu sur la terre pour instruire les hommes, & afin que mes exhortations leur deviennent plus utiles, j'ai pris la forme humaine : mais si vous avez été celle que j'ai choisie pour me donner l'existence, devois-je vous faire achetter cette préférence, quelque glorieuse qu'elle soit pour vous, au prix des supplices ordinaires de la maternité ? Cessez donc vertueuse & chaste Cynire, ô ma mere ! cessez d'être agitée ; goutez les douceurs du repos, & laissez-moi le soin d'apprendre & de persuader aux hommes les prodiges éclatans qui se sont passés sur la terre & à Tyane, avant & lors de ma naissance.

Il est aisé de comprendre quelle dût être l'enfance du divin fils de Cynire : on devine, sans peine, qu'il fut le plus sçavant des hommes, avant même que la nature eut perfectionné ses organes : aussi me dispenserai-je de rapporter toutes les grandes choses que Damis & Philostrate racontent de lui : car il seroit inutile de dire à mes Lecteurs qu'Apollone parla toutes les langues connues avec la même facilité, & qu'il avoit déjà les principes de toutes les connoissances humaines, avant l'âge auquel le reste des hommes commence à articuler des sons, à exprimer quelques idées. A force de vouloir illustrer son héros, l'enthousiaste Damis fatigue, irrite, & ne peint Apollone que sous les traits d'un imposteur élevé à la fraude & formé de bonne heure au mensonge & à l'hypocrisie. Adoré, dit-il, dans Tyane, il y étoit occupé tour-à-tour à déployer la puissance d'un Dieu, la valeur d'un héros, les graces de l'enfance, la force & la majefté d'un Souverain, la fageffe & l'éloquence d'un grand Légiflateur.

Tout ce que laiffent entrevoir les récits fabuleux de Damis & les contes de Philoftrate, c'eft qu'Apollone reçut l'éducation la plus propre à juftifier, aux yeux de fes Concitoyens, la fauffe & très-abfurde idée qu'on leur avoit donnée de fa divinité ? On voit encore que deftiné, avant même que de naître, à répandre l'erreur, on eut foin de lui donner de très-bonne heure l'ufage & l'intelligence des langages divers & des mœurs des différentes nations chez lefquelles il devoit aller retablir, à force d'impoftures, le culte des faux dieux. Ingénieux, plein de vivacité & dévoré du défir de fe rendre célébre, il s'inftruifit des principes des connoiffances les plus abftraites & les plus difficiles, & fon extrême facilité à apprendre tout ce qu'on lui enfeignoit fut telle, qu'à-peine âgé de 14 ans, il fut jugé capable d'aller feul inftruire la terre, & ramener les peuples au paganifme & aux fuperftitions.

Fin du Tome I.

www.ingramcontent.com/pod-product-compliance
Lightning Source LLC
Chambersburg PA
CBHW070639170426
43200CB00010B/2072